主 编

龙卫球

副主编

周学峰　赵精武

撰稿人

崔馨元　程　喆　何傲翾　韩富鹏　林洹民　刘　建

李　游　雷震文　裴　炜　徐　实　魏露露　赵计义

张建悦　周瑞珏　赵　鑫　周子琪

ZHONG HUA REN MIN GONG HE GUO
SHUJU ANQUANFA SHIYI

中华人民共和国
数据安全法释义

新法解读　逐条释义　实务指导

龙卫球◎主编

中国法制出版社
CHINA LEGAL PUBLISHING HOUSE

前　言

2020年4月9日，中共中央、国务院首次出台关于要素市场化配置的文件《中共中央国务院关于构建更加完善的要素市场化配置体制机制的意见》，指出土地、劳动力、资本、技术、数据五大生产要素的改革方向和相关体制机制的建设要求。数据由此成为最新一种广泛应用于社会生产经营活动的生产要素，这充分说明数字技术和数据已经从助力经济发展的工具转变为引领经济发展的关键要素。在数字经济的时代浪潮之下，数据产业从计算领域发端，陆续延伸到科学、商业和政务领域，极大地变革了人类社会的产业结构和生活方式，但随着大数据时代的迭代更新，各类数据处理活动逐渐展现出“野蛮生长”的态势，政务数据、企业商业秘密和个人数据泄露时有发生，无序的数据跨境流动为国家主权安全埋下隐忧，部分企业、平台甚至利用数据侵害公民合法权益，为我国数据产业的可持续健康发展提出了现实挑战。

数据发展与数据安全相伴相成，不可偏废。全球范围内，数据应用的发展正逐渐从技术向治理迁移，数据治理将提供更具共识、更可操作性、更加安全的制度方案和政策框架，以释放数据新动能，推动数字经济发展。但总的来看，目前在数据处理的分级分类管理、数据安全制度和安全义务、政务数据制度、法律责任等各方面，我国还尚未形成系统的社会治理规则，法律指引并不充分，制度建设还有待进一步细化，迫切需要在总体国家安全观的指导下，出台一部数据安全领域的基本法提供明确指引。

2021年6月10日，第十三届全国人大常委会第二十九次会议通过了《中华人民共和国数据安全法》（以下简称《数据安全法》），我国首部聚焦于数据安全的法律应运而生。《数据安全法》作为我国在数据领域的基础性法律和国家安全领域的重要法律，为其他国家探索如何开展有效的数据治理、维护本国数据安全提供了中国方案，具有极强的实践意义和示范价值：

第一，《数据安全法》填补了数据安全立法的空白，完善了数据安全治理和保障国家安全的法律体系。在《数据安全法》之前，我国已经颁行了《中华人民共和国国家安全法》《中华人民共和国网络安全法》等促进国家安全治理能力提升与现代化的立法成果，其中虽然也规定了涉及网络安全与数据安全的条文，但无法充分应对我国数字产业化和产业数字化带来的显著问题。《数据安全法》旗帜鲜明地以“规范数据处理活动，保障数据安全，促进数据开发利用，保护个人、组织的合法权益，维护国家主权、安全和发展利益”作为立法目的，重在维护数据处理活动中的国家主权、安全和发展利益，是在数据安全领域对总体国家安全观的深入贯彻，有效整合了分散的数据安全规定和政策标准，实现了数据安全的法制化，有利于不断发展和提升我国的数据安全治理能力。在《数据安全法》中，数据分类分级管理、数据安全审查、风险评估、监测预警和应急处置等基本制度得以确立，相关法律责任得以明确，从“规则之治”的层面强化数据安全领域制度建设。

第二，《数据安全法》主动回应实践中显现的新趋势、新问题、新挑战，兼具立法的完整性与开放性，兼采原则治理与规则治理的双重手段。从立法框架上看，《数据安全法》主要包括总则、数据安全与发展、数据安全制度、数据安全保护义务、政务数据安全与开放、法律责任和附则七大部分，从总体来看，数据安全法律规范的框架已基本完备，并与民法、刑法、行政法等部门法高度关联，体系上呈现高度的开放性。此外，《数据安全法》也关注到了数据产业的创新性要求，一方面有原则性规定，引导市场竞争有序开展、行业主动积极自律，不过多干涉相应主体的自发行动，另一方面也有较为具体和细致的制度性规定，明确了数据管理者、运营者乃至于国家机关应当遵守的义务和责任，在形成制约机制的基础上为其建立健全数据安全治理体系、提升数据安全保障能力指明了合规方向。

第三，《数据安全法》贯彻了发展与安全并重的基本原则，统筹考虑了数据安全与发展的两大需求。《数据安全法》虽以“安全”为名，但在制度构建上坚持数据安全保障与数据开发利用相辅相成、互相促进，相应地提出了促进数据开发利用、弥合数字鸿沟、推进政务数据开放、培育数据交易市场等要求，在促进数据创新应用、激发数据要素价值上进一步加强了顶层设计，也能让广大人民群众在数字化发展中获得更多幸福感、安全感。

总的来看，伴随《数据安全法》的落地实施，我国数据安全法律体系将进一步完善，数据处理活动也将进一步规范，国家主权、安全和发展利益将得到有效维护。未来，我国还将进一步制定相应配套法律法规和细分领域的更多单行立法，以应对全球数字化和一体化经济发展背景下的数据安全风险与挑战，促进《数据安全法》的有效性和可操作性不断提升，更充分地发挥数据要素的关键作用。

目　录

Contents

第一章　总　　则

第二章　数据安全与发展

第三章 数据安全制度

第四章 数据安全保护义务

第五章 政务数据安全与开放

第一章 总 则

第一条 【立法目的】为了规范数据处理活动，保障数据安全，促进数据开发利用，保护个人、组织的合法权益，维护国家主权、安全和发展利益，制定本法。

【释义】

本条旨在阐明本法的立法目的。立法者阐明立法目的有助于人们理解立法宗旨，为执法机关和司法机关适用法律和进行法律解释提供指引和参考，以确保法律的正确贯彻实施。

随着以互联网、大数据、人工智能为代表的现代信息技术的广泛应用，当今社会正在加速进入信息化、数字化时代，特别是随着5G技术和工业互联网、物联网的发展，各类智能传感器遍布在人类生产、生活的各个角落，万物互联的时代即将到来，无论是人的生理状态、自然环境监测指标，还是社会生活的方方面面，几乎均可实现“数据化”。借助现代信息通信网络，数据可以在世界范围内进行实时传输和共享，其一方面可以促进全球范围内的经济往来和人与人之间的交往，另一方面数据安全的问题日益凸显，其不仅事关个人、组织的切身权益，亦事关国家主权、安全和发展利益。数据安全立法，旨在通过规范数据处理活动，保障数据安全和促进数据开发利用，从而实现保护个人、组织的合法权益与维护国家主权、安全和发展利益的目的。

数据安全法的规范对象是数据的处理活动。所谓数据处理活动，是指数据的收集、存储、加工、使用、提供、交易、公开等行为。数据安全法所规范的数据类型既包括个人数据、商业数据，亦包括政务数据，特别是，数据安全法还以专章的形式规定了政务数据的安全与开放制度。数据处理活动，不仅是数据安全法的规范对象，亦是其他法律所规范的对象。例如，《民法典》中的有关条款亦涉及数据处理活动，但是，《民法典》侧重的是从私法的角度对民事主体的数据权益进行确认和保护，特别是对个人信息主体的民事权益进行保护。相比较之下，《数据安全法》从公法角度对数据活动进行规范，侧重维护数据处理活动中的公共秩序和国家安全。《数据安全法》与《个人信息保护法》亦有所不同。《个人信息保护法》主要是针对个人数据，而《数据安全法》则是针对一般性的数据，其注重的并不是个人数据和非个人数据的分类，而是基于安全目的对数据进行分级分类，区分重要数据和非重要数据，并对重要数据，特别是国家核心数据，进行重点规制。

坚持保障数据安全与促进数据开发利用并重是数据安全法在立法时坚持的一项基本原则。虽然从立法名称来看，《数据安全法》侧重“安全”属性，但是，立法者并非一味地强调安全，而是秉持安全与发展并重的指导思想，坚持保障数据安全与促进数据开发利用并重的原则。如果将本条款与《数据安全法》第 13 条结合起来看，更容易理解《数据安全法》的立法宗旨。数据安全法所维护的数据安全，并不限于以数据存储安全为代表的静态的数据安全，或以限制数据收集为目的的消极的数据安全，而是更加强调数据的动态安全和积极安全，强调维护数据在开发利用过程中的安全。维护数据安全的目的并不是要限制数据的开放利用，而是为了更好地保障数据开发利用的健康发展和可持续性发展。党的十九届四中全会明确提出数据系一种新的生产要素，[①] 从长远来看，数据的开发利用将会越来越广、越来越深，通过数据安全法律制度为数据开放利用和数字经济的

---

① 《中共中央关于坚持和完善中国特色社会主义制度 推进国家治理体系和治理能力现代化若干重大问题的决定》，2019 年 10 月 31 日中国共产党第十九届中央委员会第四次全体会议通过。

发展提供法治保障是立法的一项重要任务。

保护个人、组织的合法权益是制定数据安全法的重要目的。在当今数字社会时代，个人和组织的行为是数据持续产生的重要来源，亦是与数据处理活动关系最直接、最密切的群体，数据安全关系着每一个个人和组织的切身利益。近些年，发生了一些不良企业和犯罪分子实施窃取、泄露、非法交易和滥用数据，以及利用数据实施电信诈骗等违法犯罪活动的事件，导致许多公民和企业的合法权益遭受了严重损害，因此，制定《数据安全法》的一个重要目的就在于通过建立数据安全风险评估、报告、信息共享、监测预警和应急处置机制等数据安全制度，对数据处理者施加安全保障的法律义务，对违反数据安全法律制度的数据处理行为进行惩治，切实维护个人、组织的合法权益。另外，个人、组织的安全与国家安全之间亦具有密切的关联性。当发生数据安全事件，导致大规模的个人、组织的数据泄露或被滥用时，不仅会损害个人、组织的数据权益，亦有可能危及公共安全和国家安全。

维护国家主权、安全和发展利益，是制定数据安全法的根本目的。所谓“国家主权、安全和发展利益”，其含义并不是静止的、一成不变的，而是动态的、与时俱进的。在当今信息化时代背景之下，数据已成为一种重要的国家基础性战略资源，对数据和数据处理活动的管辖和规范是一个国家行使主权的表现形式之一，数据主权是国家主权的重要组成部分。从国家安全的角度来看，数据安全亦是国家安全的重要组成部分，在信息化时代，没有数据安全就没有国家安全。党的十八届四中全会指出，贯彻落实总体国家安全观，加快国家安全法治建设，抓紧出台反恐怖等一批急需法律，推进公共安全法治化，构建国家安全法律制度体系。[①] 2015 年 7 月，第十二届全国人民代表大会常务委员会第十五次会议通过新的《国家安全法》，该法第 25 条明确规定：“国家建设网络与信息安全保障体系，提升

① 《中共中央关于全面推进依法治国若干重大问题的决定》，2014 年 10 月 23 日中国共产党第十八届中央委员会第四次全体会议通过。

网络与信息安全保护能力，加强网络和信息技术的创新研究和开发应用，实现网络和信息核心技术、关键基础设施和重要领域信息系统及数据的安全可控；加强网络管理，防范、制止和依法惩治网络攻击、网络入侵、网络窃密、散布违法有害信息等网络违法犯罪行为，维护国家网络空间主权、安全和发展利益。”因此，制定《数据安全法》的目的之一在于落实《国家安全法》的相关要求，通过建立数据分级分类管理、数据安全审查、数据处理规范等法律制度，建立健全数据安全治理体系，充分保障数据的安全可控，确保数据领域的国家安全。在当前世界范围内，数字经济已成为引领经济发展的新引擎，而数据系数字经济的重要要素，亦是数字社会的基础，数据资源已成为国际竞争的重要资源，因此，数据安全不仅事关国家安全，亦关乎中国的发展利益。

【关联规定】

《中华人民共和国国家安全法》第 2 条、第 25 条

（撰稿人：周学峰）

第二条　【适用范围】在中华人民共和国境内开展数据处理活动及其安全监管，适用本法。

在中华人民共和国境外开展数据处理活动，损害中华人民共和国国家安全、公共利益或者公民、组织合法权益的，依法追究法律责任。

【释义】

本条是关于本法调整范围的规定。

第一，数据处理者实施的数据处理活动和监管机构对数据处理活动的

安全监管行为，都应当受本法调整。数据安全法所规范的数据，不仅包括电子数据，亦包括以除电子外的其他形式存在的数据。所谓数据处理，包括数据的收集、存储、使用、加工、传输、提供、公开等。所谓数据处理者，是指从事数据处理的个人和组织。只要数据处理者实施了上述数据处理活动中的一种，就要受数据安全法的约束。数据安全监管机构在对数据处理活动实施监管时，应当遵循依法监管的原则，严格按照数据安全法所规定的权限分工和执法程序履行监管职责。

第二，《数据安全法》是数据安全领域的基本法，其确立了数据安全的一般性法律制度。在数据安全法律领域，除了数据安全法以外，还存在其他相关法律。如果其他法律对特定类型的数据安全做出了特别规定，应遵循该特别法的具体规定，而对于特别法没有规定的事项，则应适用数据安全法。为了准确地理解数据安全法的适用范围，应当将该法的第 2 条与第 53 条、第 54 条结合起来进行分析。例如，对于涉及国家秘密的数据处理活动，因为该类数据具有特殊性，并且《保守国家秘密法》等法律、行政法规已对此作出了特别的具体规定，因此，应当适用该特别规定。

第三，从空间效力来看，在确定一部法律的管辖权范围时，不同国家、不同法律所采取的原则并不相同，主要有属地原则、属人原则、保护原则。所谓属地原则，是以地域作为界定管辖权的标准，凡是在本国领域内发生的行为，均应适用本国法律；所谓属人原则，是指以人的国籍为标准，凡是本国的公民、法人从事的行为，不论其行为发生在本国领域内还是本国领域外，均应适用本国法律；所谓保护原则，是指以保护本国利益为标准，凡是侵害本国国家、公民、法人或其他组织的利益的，无论行为人的国籍为本国人还是外国人，也无论行为发生在本国领域内还是本国领域外，均应适用本国法律。从总体上来看，我国的数据安全法在确定管辖范围时采取了以属地管辖为原则、以保护管辖为补充的方式，其以行为人的行为地，即数据处理活动发生地，而非行为主体的身份，作为确定管辖权的基准，同时辅之以保护原则，以全面维护国家利益、公共利益、公民和组织的合法权益。

第四，依照属地管辖原则，在中华人民共和国境内开展数据处理活动，应受到本法的调整。《数据安全法》所规范的数据，既包括电子形式的数据，亦包括以其他形式存在的数据。对数据的处理，有可能通过互联网进行，也有可能采取网络以外的方式。因此，在判断数据处理活动是否是发生在中华人民共和国境内，需要基于数据类型、数据处理方式和具体情形来进行判断。

第五，依照保护管辖原则，在中华人民共和国境外实施的数据处理活动，如果其损害了中华人民共和国国家安全、公共利益或者公民、组织合法权益的，中国有关主管机关有权依照数据安全法和相关法律追究行为人的违法责任。基于该规定，对于发生在中华人民共和国境外的数据处理活动，是否适用中国的数据安全法，是依照其行为效果来确定的，只有当其损害了中国的国家安全、公共利益或者公民、组织的合法权益时，才适用中国的数据安全法，中国的有关行政机关和司法机关可基于此行使执法管辖权和司法管辖权。赋予数据安全法以一定的域外效力是十分有必要的，因为，实践中大量的数据都是以电子形式存在的，而且对数据的收集、存储、使用、加工、传输、提供、公开等数据处理活动都是通过互联网进行的，许多违法犯罪分子往往使用设置在中国境外的服务器对中国境内的公民、组织的网络设施进行攻击、侵入，并将非法获取的数据传输到境外进行处理，如果对此仅适用属地原则，将难以对违法者追究法律责任。通过立法所确认的保护管辖原则，中国的执法机关和司法机关可以对发生在中国境外的违法行为进行管辖并追究违法者的法律责任。

【关联规定】

《中华人民共和国网络安全法》第 2 条、第 5 条

（撰稿人：周学峰）

第三条 【数据、数据处理和数据安全的定义】本法所称数据，是指任何以电子或者其他方式对信息的记录。

数据处理，包括数据的收集、存储、使用、加工、传输、提供、公开等。

数据安全，是指通过采取必要措施，确保数据处于有效保护和合法利用的状态，以及具备保障持续安全状态的能力。

【释义】

本条的规范对象是《数据安全法》的具体适用范围和调整对象，明确界定“数据”“数据处理”和“数据安全”三个关键概念，这也是区分《民法典》个人信息保护条款、《个人信息保护法》和《数据安全法》三部重要法律体系定位的重要依据。

首先，该条明确将“数据”界定为“信息”的表现形式，即是以电子或其他方式记录的信息，在第 2 条的基础上进一步细化本法的适用范围。在该法制定过程中，“数据”和“信息”之间的概念区分存有争议，主要包括三种观点：一是“信息”属于“数据”的子概念，“信息”是从采集的“数据”中提取的有用内容；二是“信息”与“数据”相互混用，概念区分没有实质意义；三是“数据”属于“信息”的子概念，仅表示“信息”在电子通信环境下的表现形式。但从第 3 条内容来看，“数据”和“信息”的关系是载体与内容的关系，所有的“数据”都是信息，但不是所有的“信息”都是“数据”，因为现实生活中“信息”的表现形态除了电子数据之外，还包括日常对话、横幅标语等。此外，据第 2 条第 1 款之规定，“数据”的实际表现形态除了常见的二进制、电信号、计算机代码等电子方式之外，还包括其他信息记录方式。这里的兜底性规定实际上为未来信息技术迭代产生的新生客体预留了足够的解释空间，及时填补了相对稳定的法律规定与技术创新实践之间可能产生的立法空白。

其次，本法第 2 条第 2 款明确界定了常见的“数据处理”行为类型，包括收集、存储、使用、加工、传输、提供和公开等形式，这一界定方式与《民法典》第 1035 条第 3 款规定的“个人信息的处理”相一致。因为常见的数据处理场景中，“数据处理”概念范畴囊括了“个人信息的处理”，既包括针对数据形式存在的个人信息采取技术处理措施之外，还包括对公开信息、公共信息、国家机密等非个人信息采取数据处理措施。在数据安全立法体系层面，个人信息保护的具体规则与《数据安全法》的具体条文显然存在应然的交叉重叠关系。

最后，本法第 2 条第 3 款进一步明确了“数据安全”的具体内涵，是本法创新的核心内容之一。具体表现为：其一，回应本法第 1 条所确立的立法宗旨，“数据安全”不是单纯强调数据不被外部因素干扰的静态安全，而是包括“有效保护”“合法利用”和“保障持续安全状态的能力”三个评价指标的动态安全。“有效保护”可以视为数据安全状态的具体评价标准，义务主体在履行数据安全保障义务的过程中，除了应当采取本法规定的技术保护措施之外，还应当保障这些措施效果能够实现有效保护。采取必要措施并不等于义务履行的完成，还应当保障数据处于有效保护状态，《数据安全法》更侧重义务履行方式的主动性与积极性。“合法利用”则是强调立法宗旨将数据安全与数据利用置于同等价值层面，不过从该款文字表述方式来看，显然在两种立法目标存在冲突时，“有效保护”应当优先于“合法利用”予以实现。并且，这里的“合法”标准除了包括《数据安全法》的具体条款之外，还包括其他与数据安全保护、个人信息保护相关的法律法规。“保障持续安全状态的能力”这一要件则是说明数据安全的法律评价是以持续性的数据状态为对象，传统理论中数据的完整性、保密性和可用性的评价体系仅仅是具体时间节点的数据安全状态，本法的界定方式实质上是将整个数据处理全生命周期都纳入调整范围，每一个数据处理环节都应当保障数据的安全状态。其二，本款对关键概念的界定也在一定程度上强化了该法实施的可操作性，避免空洞的“安全”概念不当扩大该法的调整范围，有助于法律主体对自身行为的法律后果进行合理预期与评估。“数据安全”的基本逻辑是“行为+效果”的综合判断模式，即法律主体首先应当按照本法的具体条文采取必要的技术措施和管理措施，其次采取的措施应当能够确保数据得到有效保护和合法利用。倘若法律主体采取的必要措施不具备保障数据安全的功能，显然应当视为未履行义务或义务履行瑕疵。其三，该款对“数据安全”的界定方式明确了《数据安全法》与个人信息保护相关立法的定位差异。不难发现，有关“数据安全”的表述始终围绕“数据”这一客体予以展开，并没有直接提及保障信息主体权利。这是因为《数据安全法》在立法定位上属于公法范畴，首要目的是确保数据处理活动的规范性与安全性，本法除了保障以数据形式存在的个人信息安全和个人信息权益保护之外，还需要保障涉及国家主权、安全和利益的“数据安全”。当然，这并不意味着《数据安全法》将是所有个人信息保护立法的上位法，本法是以“数据安全”这一法益作为核心立法目标，而个人信息保护立法则是以“个人信息权益保护”作为核心立法目标，所谓的“个人信息安全”在权益话语体系下也是表现为在个人信息处理活动中是否保障了合法的个人信息权益。

该条的适用难点在于如何通过“数据”“数据处理”和“数据安全”这三个关键概念理解《数据安全法》《网络安全法》和个人信息保护相关条文之间的关系。首先，依据《民法典》第1034条规定的“个人信息”概念，“个人信息”是有关自然人的“信息”，而该条规定的“数据”则是对“信息”电子化或其他方式的记录，“数据安全”的概念显然涵盖了“个人信息安全”。其次，《网络安全法》第76条将“网络数据”概念界定为“通过网络收集、存储、传输、处理和产生的各种电子数据”，这与本条规定的“数据”概念差别在于，前者的立法目标是以网络安全为基础，故而“网络数据”更强调依托网络环境处理的电子数据；后者则是涵盖电子方式或其他方式的所有“数据”。最后，《国家安全法》第25条提及了“国家建设网络和信息安全保障体系”，这里的“网络”和“信息”概念强调的是广义层面的网络空间和各种类型信息，再结合《国家安全法》第3条提及的“总体安全观”，可以推导出“数据安全”是“总体安全观”的子内容之一，《数据安全法》是“国家安全”在数据治理层面的具体体现。

该条内容与《数据安全法（草案一次审议稿）》（以下简称《数据安全法（一审稿）》）、《数据安全法（草案二次审议稿）》（以下简称《数据安全法（二审稿）》）相比，没有太大变化，细节变动主要包括两点：第一，《数据安全法（一审稿）》和《数据安全法（二审稿）》均是以“电子形式”和“非电子形式”的划分标准来界定“数据”概念，但最终还是以“其他方式”取代了“非电子形式”的表述。这种变化的原因可以解读为立法技术的选择，因为实践活动中的数据形式复杂多变，倘若采用“电子”和“非电子”的二元化概念，有可能无法及时回应未来可能出现的新型数据类型。相比较而言，“其他方式”之表述能够更有效地延伸“数据”概念，并且该种表述方式既强调了电子数据的重要地位，也指明了本法适用范围包括所有信息记录形式的数据，只要具备经济价值、国家安全价值等要素的数据均属于本法的保护范畴。第二，《数据安全法（一审稿）》《数据安全法（二审稿）》均有规定“数据安全”是一种保障持续安全状态的能力，而最终通过的《数据安全法》则是增加“具备”一词。虽然条款意思并没有发生太大变化，但“具备”之表述实际上暗含了法律主体从事数据处理活动的先决条件，即应当能够保障数据处于持续安全状态的技术能力和经济能力。当然，这并不是要求所有义务主体都要遵守同一水平的保障能力，因为立法者不可能要求诸如装修公司、手工艺企业具备与知名网络平台运营者同等的数据安全保障能力，该款实质强调的是义务主体根据数据处理活动的规模、范围以及从事业务领域应当满足相应的“数据安全”能力和条件。

【关联规定】

《中华人民共和国民法典》第 1034 条、第 1035 条，《中华人民共和国网络安全法》第 76 条，《中华人民共和国国家安全法》第 25 条

（撰稿人：龙卫球　赵精武）

第四条 【数据安全工作基本原则】 维护数据安全，应当坚持总体国家安全观，建立健全数据安全治理体系，提高数据安全保障能力。

【释义】

本条是关于数据安全工作基本原则的规定。在本法历次审议过程中，本条均未发生变化，重点是从维护数据安全原则出发，确立了三个方面的主要内容：坚持总体国家安全观；建立健全数据安全治理体系；提高数据安全保障能力。原则导向的条文多强调规则的出发点或目的，明确被监管者需要遵守的根本性义务，以结果为导向，以更高位阶的原则而非具体的规则为工具，但不对被监管者如何达到这一目标进行具体要求，在语言表述上多为定性术语而非定量术语，为市场主体提供充分的发展空间，[①] 本条作为本法中具有代表性的原则导向规定，也为技术进步和市场主体发展预留了充分空间，体现了一定灵活性和包容性，也有益于允许数据行业从业者发挥主观能动性，实现"创造性"合规的目标。

在形式上，本条是较为典型的不完全法条，并未具体规定法律效果等内容，因此，在解释论上，应当将本条视为单纯的"宣示性条款"。"宣示性条款是法律条文中仅仅展示彰显某种观点价值，并不包括行为模式和法律后果等要素，不直接调整社会关系的条款。"[②] 宣示性条款在表达方式上都是对某种权利或利益的保护进行宣示，抑或对某种抽象立场进行宣告，[③] 数据安全是本法的基本价值与核心立场，本条虽不具备直接的强制功能，但将维护数据安全的指导思想、要求和理念进行了概念化和规范化，普遍适用于数据处理活动及安全监管，具有较强的宣示意义。

---

① 参见徐玖玖：《人工智能的道德性何以实现？——基于原则导向治理的法治进路》，载《现代法学》2021 年第 3 期。

② 孙笑侠：《司法的特性》，法律出版社 2016 年版，第 7 页。

③ 参见刘勇：《〈民法典〉第 680 条评注（借款利息规制）》，载《法学家》2021 年第 1 期。

2020年9月，在“抓住数字机遇，共谋合作发展”国际研讨会上，我国国务委员兼外交部部长王毅代表我国提出了《全球数据安全倡议》，提出“秉持发展和安全并重的原则，平衡处理技术进步、经济发展与保护国家安全和社会公共利益的关系”。由此可以看出，“发展与安全并重”是我国处理应对数据安全问题的基本原则，数据安全问题已经上升到国家安全和社会公共利益的高度。在过去的传统安全观下，民族矛盾、宗教冲突、领土争端等安全威胁，是导致国家间政治、经济、外交乃至军事上全面对抗的根本原因，一国对内提升本国安全保障能力、对外积极维护本国安全利益正是为了化解此类传统安全威胁。然而，在国内外形势正在发生深刻复杂变化的时代背景下，经济全球化与一体化进程之间双螺旋式的互馈推动了世界经济发展与社会进步，而世界多极化与社会信息化的持续演进也对国际政治、国家安全和社会多维关系变迁产生了深刻的影响，同时，这些进程和演变的复杂性、非线性、联动性、不确定性以及颠覆性等也对国际安全和国家安全带来巨大的风险，[①] 在传统安全威胁未完全消除的同时，一些新的非传统的安全威胁开始显现。数据安全作为数字时代暴露出的非传统安全威胁，已无法通过传统安全观及其方法论予以应对。2014年4月15日，“总体国家安全观”在中央国家安全委员会第一次全体会议上被首次提出，会议提出了“构建集政治安全、国土安全、军事安全、经济安全、文化安全、社会安全、科技安全、信息安全、生态安全、资源安全、核安全等于一体的国家安全体系”的要求。[②] 总体国家安全观作为党史上第一个被确立为国家安全工作指导思想的重大战略思想，在强调国家安全民本性上体现了非传统思维，而且更通过强调“既重视传统安全又重视非传统安全”等多方

---

① 参见张家年、马费成：《总体国家安全观视角下新时代国家安全及应对策略》，载《情报杂志》2019年第10期。

② 有学者提出，总体国家安全观涉及的国家安全构成要素是十二个，还应当包括“人民安全”或“国民安全”。参见刘跃进：《总体国家安全观视野下的传统国家安全问题》，载《当代世界与社会主义》2014年第6期。

面的论述，统一了传统安全问题与非传统安全问题两个方面的丰富内容，[①] 在化解非传统安全威胁的各个领域均应当予以贯彻。在网络安全和数据安全领域，在总体国家安全观的指导下，《国家安全法》第 25 条明确提出了“实现网络和信息核心技术、关键基础设施和重要领域信息系统及数据的安全可控”，将数据安全纳入国家安全的范畴。作为我国网络安全领域的首部综合性立法，《网络安全法》也涉及了网络数据的概念，并将网络数据定义为“通过网络收集、存储、传输、处理和产生的各种电子数据”，提出了“维护网络数据完整性、保密性和可用性”“鼓励开发网络数据安全保护和利用技术”“防止网络数据泄露”等要求。综上，本法作为数据领域的基础性法律，也是国家安全领域的一部重要法律，必须要“贯彻落实总体国家安全观，聚焦数据安全领域的风险隐患，加强国家数据安全工作的统筹协调”，[②] 这既是维护数据安全的题中之意，也是确保本法得以顺利有效实施的关键举措。

数据安全治理体系是数据治理体系中的一个部分，是围绕数据安全治理所构建的制度体系，从宏观层面上看，包括安全制度、安全义务、法律责任等各领域体制机制、法律法规安排，也就是一整套紧密相连、相互协调的制度体系。本条要求“建立健全数据安全治理体系”，应当视为对所有承担维护数据安全义务的相应主体所设定的要求，而不只局限于国家机关或互联网企业。如果从中观层面的角度看，有学者提出数据安全治理体系包含精准定位的多元治理体系、精准防范的科学预判体系、精准识别的分类处置体系、精准提升的动态保障体系，[③] 在这一维度下，则考虑的是数据安全治理的整体解决方案，构建管理机制、计划和部署。当前，我国自上而下、协调一致的全局性数据要素市场治理法律体系还未建立，数据综合性监管体系不健全，法律监管理念和监管机构设置不能完全适应数据

① 参见刘跃进：《非传统的总体国家安全观》，载《国际安全研究》2014 年第 6 期。
② 新华社：《数据安全法：护航数据安全 助力数字经济发展》，载《中国人大》2021 年第 12 期。
③ 参见王欣亮、任弢、刘飞：《基于精准治理的大数据安全治理体系创新》，载《中国行政管理》2019 年第 12 期。

要素市场的发展要求，[1] 本法正式施行后，应以数据为主导，分级实施安全管理，科学制定安全标准，完善配套法律法规以强化数据要素市场监管执法，维护国家数据安全和主权安全。

在公共安全研究中一般认为，“能力”与“灾害”“风险”具有彼消此长的关系，因此，“能力”也被称为抗灾能力或危机恢复能力，是指一个可能受到危害的系统、社区或社会，通过抵御或变革，从而在职能和结构上达到或保持可接受水平的适应能力。[2] 数据安全保障能力作为保障数据安全防御、响应和恢复的相应能力，应当包含事前的防御保障能力和事后的恢复救济能力，二者不可偏废，否则可能会导致防止防御系统失效，或当系统失效后，难以使防御系统快速恢复到失效前的状态。本条提出要“提高数据安全保障能力”，则是在现有能力的基础上，要求实现能力的优化：第一，数据本身特性与提高数据安全保障能力。数据安全的一大特性是在数据的生命周期的所有环节，都有存在安全威胁。无论是数据的识别、采集、传输、使用，还是数据的存储、共享等，均应提高事前的保障防御能力和事后恢复能力。第二，外部环境与提高数据安全保障能力，主要包括经济及产业环境、法律制度环境和技术环境等。外部环境的变化对提高数据安全保障能力具有重要影响，因此应当重点培育数据安全保障技术，从多个技术维度完善技术供给，营造数据安全保障能力可持续发展的技术环境。第三，政府公共部门的组织结构、资源配置与提高数据安全保障能力。当前，数据安全监管体制机制尚未完全厘清，多头监管、空白监管时有出现，对于优化监管部门组织结构提出新的要求。从以上三个方面出发，实现数据安全保障能力的提高，也将有力支撑数据安全治理体系，落实本法维护数据安全的立法目的。

---

① 参见曾铮、王磊：《数据要素市场基础性制度：突出问题与构建思路》，载《宏观经济研究》2021 年第 3 期。

② 参见刘承水：《城市公共安全评价分析与研究》，载《中央财经大学学报》2010 年第 2 期。

【关联规定】

《中华人民共和国国家安全法》第 25 条，本法第 22 条、第 27 条、第 39 条

（撰稿人：龙卫球　赵精武）

第五条　【国家数据安全工作协调机制】 中央国家安全领导机构负责国家数据安全工作的决策和议事协调，研究制定、指导实施国家数据安全战略和有关重大方针政策，统筹协调国家数据安全的重大事项和重要工作，建立国家数据安全工作协调机制。

【释义】

本条的规范对象是中央国家安全领导机构在数据安全工作中的责任定位。本条与第 6 条一起，构建了我国国家、地方、行业层面的数据安全责任体系，本条是关于在中央层面建立数据安全工作协调机制的规定。明确了中央国家安全领导机构对数据安全工作进行决策和议事协调，研究制定、指导实施国家数据安全战略和有关重大方针政策，统筹协调重大事情和重要工作，建立国家数据安全工作协调机制四个方面的职责定位。本条确定了数据安全事权在中央的原则，国家数据安全工作由中央国家安全领导机构决策和协调，体现了数据安全是国家安全的一部分，数据安全法是广义的国家安全法体系的一部分。

中共中央、国务院于 2020 年 3 月发布的《关于构建更加完善的要素市场化配置体制机制的意见》提出，加快培育数据要素市场，加强数据资

源整合和安全保护。[①] 2020 年 9 月我国在“抓住数字机遇，共谋合作发展”国际研讨会上提出《全球数据安全倡议》，指出全球数据爆发增长，海量聚集，成为实现创新发展、重塑人们生活的重要力量，事关各国安全与经济社会发展。[②] 由中央国家安全领导机构负责数据安全工作的决策和议事协调、国家数据安全战略的制定和指导实施、统筹建立国家数据安全工作协调机制说明我国从国家安全战略的高度统筹规划数据安全问题，数据安全已经成为总体国家安全的重要组成部分。制定出台《数据安全法》就是以法治加强数据安全保护，贯彻整体国家安全观的重要举措。

当前我国的中央国家安全领导机构是中央国家安全委员会。党的十八届三中全会提出，设立国家安全委员会，完善国家安全体制和国家安全战略，确保国家安全。[③] 国家安全和社会稳定是改革发展的前提。只有国家安全和社会稳定，改革发展才能不断推进。我们的安全工作体制机制还不能适应维护国家安全的需要，需要搭建一个强有力的平台统筹国家安全工作。设立国家安全委员会，加强对国家安全工作的集中统一领导，已是当务之急。

可见，中央国家安全委员会的目的首先是维护国家安全和社会稳定，为改革发展提供前提。其次是建立统一的国家安全体系，主要职责是决策和协调。最后是管理国家安全、军事和外交事务提供支持。坚持党对数据安全工作的领导，是做好数据安全工作的根本原则。

具体到数据安全领域，根据《数据安全法》第 4 条规定，维护数据安全应当坚持总体国家安全观，建立健全数据安全治理体系，提高数据安全保障能力。由中央国家安全领导机构统筹和协调国家数据安全战略、政策和工作是完善我国数据安全治理体系的顶层制度设计。信息安全是总体国家安全的重要组成部分。数据安全涉及多政府部门、互联网企业、数据交

---

① 《中共中央 国务院关于构建更加完善的要素市场化配置体制机制的意见》，载中国政府网 2020 年 4 月 9 日，http：//www. gov. cn/zhengce/2020 -04/09/content_ 5500622. htm，2021 年 6 月 1 日访问。

② 《全球数据安全倡议（全文）》，载中国政府网 2020 年 9 月 8 日，http：//www. gov. cn/xinwen/2020 -09/08/content_ 5541579. htm，2021 年 6 月 1 日访问。

③ 《中国共产党第十八届中央委员会第三次全体会议公报》，2013 年 11 月 12 日中国共产党第十八届中央委员会第三次全体会议通过。

易平台、信息处理者等多个主体，需要建立多方主体共同参与的协调机制。《数据安全法》第 9 条也指出，国家支持推动有关部门、行业组织、科研机构、企业、个人等共同参与数据安全保护工作，形成全社会共同维护数据安全和促进发展的良好环境。因此，本条规定了中央国家安全领导机构在数据安全工作中的决策和统筹协调的职能，提高数据安全治理的整体水平，明确了中央国家安全领导机构统一部署、狠抓落实的工作重点。同时，数据安全是国家战略之一，数据安全工作需要国家战略和方针政策的原则指引，数据安全治理的规则体系应当由国家数据安全战略、数据安全政策、数据安全法，以及其他实施细则、行业和技术标准等组成。完善数据安全战略和数据安全政策，才能为进一步推进国家数据安全工作提供原则和指引。

【关联规定】

《中华人民共和国国家安全法》第 2 条，《中华人民共和国网络安全法》第 8 条

（撰稿人：魏露露）

第六条　【各地区、各部门维护数据安全的职责】各地区、各部门对本地区、本部门工作中收集和产生的数据及数据安全负责。

工业、电信、交通、金融、自然资源、卫生健康、教育、科技等主管部门承担本行业、本领域数据安全监管职责。

公安机关、国家安全机关等依照本法和有关法律、行政法规的规定，在各自职责范围内承担数据安全监管职责。

国家网信部门依照本法和有关法律、行政法规的规定，负责统筹协调网络数据安全和相关监管工作。

【释义】

本条规范的对象是地方和部门层面数据安全职责的条、块划分。本条规定了各地区、各部门、各行业主管部门的数据安全保护责任和数据安全监管责任两类数据安全责任。本条与第5条一起，构建了我国中央层面和地方、部门层面的国家数据安全责任体系，即在中央国家安全领导机构的决策和议事协调机制之下，规定各地区、各主管部门的数据安全责任，形成了国家数据安全工作协调机制。

具体来讲，本条第1款是对各地区、各部门所承担的数据安全责任的整体上的条块划分。第2款、第3款、第4款则分别规定了比较重要领域的政府主管部门的数据安全监管责任，是不完全列举。对不能被第2款、第3款、第4款涵盖的情形，则适用第1款的总体性规定。

本条第1款是关于地区和部门数据安全总则性条款，规定了各地区、各部门需要对工作中产生和收集的数据及数据安全负责。该款简单概括地规定了中央机制之下，地区和部门的数据安全责任机制。从责任主体上看，包括各地区和各部门的责任主体，形成条、块责任的划分。从适用对象上看，包括各责任主体在工作中所产生和收集的数据。从责任内容上看，包括对数据的责任和对数据安全的责任。对数据的责任是指责任主体对工作中所产生和收集数据的安全保护责任，关联《数据安全法》第四章的“数据安全保护义务”，对数据安全的责任则是指各地区、各部门对隶属于本地区、本部门管辖的数据处理活动承担数据安全的监管责任，体现了我国数据安全监管责任的条、块划分。因此，该条款实际上包含了各地区、各部门的数据安全保护义务和数据安全监管责任。据此，我国网络安全与信息安全治理形成“主体责任＋监管责任”的治理框架。现在，这一框架延续到数据安全治理领域。

各地区、各部门的定义有待进一步廓清。各地区应当包括按照《宪法》第30条规定的行政区域划分的各级区域，即除省（自治区、直辖市）、市（自治州、县、自治县）、县（区）外，由于本条款并没有限制各地区的级别，因此，乡（民族乡、镇）街道、村庄等基层组织单元应当也包含在各地区的范围之内。各部门则体现了我国数据安全监管职责的垂直监管职责划分，涉及各个行业和社会领域，如工业、电信、交通、金融、自然资源、卫生健康、教育、科技等部门。

各地区、各部门对于数据安全的监管职责主要通过三个方式实现：

一是制定法规、地方政府规章以及规范性文件。例如，2016 年 9 月 15 日上海市人民政府印发《上海市大数据发展实施意见》（沪府发〔2016〕79 号），该意见将“安全规范、繁荣有序”作为大数据发展的基本原则之一，要求“完善大数据标准规范和法规制度，增强安全意识、强化安全管理和防护，保障数据安全”。浙江省人大于 2020 年 12 月 24 日通过的《浙江省数字经济促进条例》（浙江省第十三届人民代表大会常务委员会公告第 44 号）第 22 条规定，“县级以上人民政府及其有关部门应当坚持保障安全与发展数字经济并重的原则，建立健全网络安全、数据安全保障体系，完善协调机制以及安全预警、安全处置机制”。

二是各部门制定本行业、本领域、本系统的数据安全政策、部门规章以及规范性文件，细化目标，分解任务，使之更具针对性和可操作性。如工业和信息化部负责对全国电信业务中的数据安全工作进行垂直领导。2013 年《电信和互联网用户个人信息保护规定》（工业和信息化部令第 24 号）第 3 条规定，工业和信息化部和各省、自治区、直辖市通信管理局依法对电信和互联网用户个人信息保护工作实施监督管理。2017 年《电信业务经营许可管理办法》（工业和信息化部第 5 号）则就电信业务经营许可证申请办理中的经营主体的网络与信息安全保障措施做出规定。本条第 2 款、第 3 款、第 4 款则属于列举重要行业、领域内的数据安全监管工作。第 2 款列举工业、电信、交通、金融、自然资源、卫生健康、教育、科技等行业、领域内，主管部门的数据安全监管职责。第 3 款规定了公安机关、国家安全机关在职责范围内承担的数据安全监管职责。第 4 款规定的是国家网信部门负责统筹协调网络数据安全和相关监管工作。值得注意的是，各部门之间必然存在业务领域内数据安全监管工作的交叉重叠，如互联网数据可能横跨各个行业、领域，因此需要建立跨部门的统筹协调机制，鉴于互联网与各个行业、领域的深度融合，本条第 4 款赋予国家网信部门统筹协调互联网数据安全的职责。与之相类似的有《国家安全法》第 48 条，“……建立跨部门会商工作机制……”各级国家网信部门应当与其他主管部门针对本行业、领域内互联网数据安全的监管工作展开“会商”，积极履行统筹协调的职责。

三是制订工作计划或工作方案，列出进度表，明确责任人，组织人力、物力、财力予以贯彻落实。这是大多数地区和部门贯彻落实国家数据安全战略的方式之一。例如，2020 年 4 月广西壮族自治区数字广西建设领导小组办公室印发《广西政务数据治理实施方案》，为全面推进政务数据治理工作，进一步加快数据广西建设，提供了详细的工作方案和进度表。

不论采取何种方式，要确保国家数据安全战略的真正贯彻实施，加强监督检查和责任追究都是必要的，本法第 49 条、第 50 条分别规定了国家机关的数据安全保护责任和国家工作人员的数据安全监管责任。

【关联规定】

《中华人民共和国宪法》第 30 条，本法第 20 条、第 49 条、第 50 条，《中华人民共和国国家安全法》第 2 条、第 47 条、第 48 条，《中华人民共和国网络安全法》第 8 条、第 10 条、第 11 条，《中华人民共和国地方各级人民代表大会和地方各级人民政府组织法》第 37 条、第 38 条

（撰稿人：魏露露）

第七条　【权益保护与促进利用原则】国家保护个人、组织与数据有关的权益，鼓励数据依法合理有效利用，保障数据依法有序自由流动，促进以数据为关键要素的数字经济发展。

【释义】

本条款是关于对数据权益进行保护和促进数据的有效利用和流动的原则性规定。其含义主要包括以下几点：

第一，国家保护个人、组织与数据有关的权益。尽管保护国家安全是我国的数据安全法的首要立法目的，但是，数据安全法的保护对象并不仅限于国家安全，个人和组织的与数据相关的权益亦是立法的保护对象。《民法典》规定了自然人、法人和其他组织所享有的各项民事权利和利益，其在总则编的第五章“民事权利”中明确认可了“数据”亦可为民事权益的客体。数据进入民事权益客体的范畴是近些年来随着现代信息技术的广泛应用才开始受到关注的，关于数据权益的性质，在法学理论界尚存在许多不同观点，有学者主张可将数据权益纳入传统民事权利类型范围内，也有学者提出新型数据财产权的概念，亦有学者认为个人数据权利应当为人格权范畴，其实，无论采取哪一种理论学说，都不妨碍立法对当事人的数据权益进行保护。[①] 目前我国《数据安全法》第7条采取的“个人、组织与数据有关的权益”表述，其含义非常宽泛，既包括与数据有关的各类民事权利，亦包括各类法益，即受法律保护的利益。

第二，鼓励数据依法合理有效利用。我国的数据安全法以保护数据安全为宗旨，但是，这绝不意味着因噎废食、禁止从事各类数据利用活动，而是坚持保障数据安全与促进数据开发利用并重的原则，通过规范数据处理活动，实现数据利用过程中的数据安全。这意味着对数据的开发利用必须坚持依法与合理利用的原则。数据安全法进行具体制度设计时，为了兼顾数据安全和数据的开发利用，立法者采取了对数据进行分级分类管理的

---

① 关于对数据权益性质的不同认识和相关理论探讨可参见黄薇主编：《中华人民共和国民法典总则编解读》，中国法制出版社2020年版，第407～408页；龙卫球：《数据新型财产权构建及其体系研究》，载《政法论坛》2017年4期；程啸：《论大数据时代的个人数据权利》，载《中国社会科学》2018年第3期。

制度，通过对不同类型的数据设置不同的管理要求，努力实现安全与发展之间的平衡。为了促进数据开发利用，数据安全法规定了许多制度措施，如明确提出国家实施大数据战略，推进数据基础设施建设，鼓励和支持数据在各行业、各领域的创新应用；要求有关部门组织制定并适时修订有关数据开发利用技术、产品和数据安全相关标准；建立健全数据交易管理制度和培育数据交易市场；国家支持教育、科研机构和企业等开展数据开发利用技术和数据安全相关教育和培训，促进人才交流，等等。

第三，保障数据依法有序自由流动。数据安全法鼓励对数据的有效利用，就必然会涉及数据的流动。只有允许数据的流动，才能够体现数据的价值，才能够真正实现对数据的有效利用，然而，数据的流动会涉及多方利益，并会产生数据安全方面的风险。此处需要明确的是，我国数据安全法所追求的数据安全是动态的安全而不是静态的安全，基于此，数据安全法为数据流动设定了“依法”“有序”和“自由”流动的原则。首先，数据流动须依法进行，不得非法提供、非法传输或非法交易数据，不得损害个人和组织的合法权益，不得危害国家安全。数据流动可区分为境内流动和跨境流动，其分别适用不同的法律规则。对于重要数据和非重要数据，因其安全风险水平有差异而在流动时所受到的法律限制亦有所不同。其次，数据流动应有序进行，特别是重要数据、国家核心数据的流动，需要依法进行风险评估和安全审查。从事数据交易中介服务的机构应当尽到依法审核的义务。最后，除法律、法规外，各地方政府、各部门不得为数据流动设置各种限制和障碍。

第四，促进以数据为关键要素的数字经济发展。2020 年 4 月《中共中央国务院关于构建更加完善的要素市场化配置体制机制的意见》首次将“数据”与土地、劳动力、资本、技术等传统要素并列为要素之一，提出要加快培育数据要素市场。[①] 2020 年 11 月，《中共中央关于制定国民经济

① 《中共中央 国务院关于构建更加完善的要素市场化配置体制机制的意见》，载中国政府网 2020 年 4 月 9 日，http：//www. gov. cn/zhengce/2020 -04/09/content_ 5500622. htm，2021 年 6 月 1 日访问。

和社会发展第十四个五年规划和二〇三五年远景目标的建议》提出发展数字经济，加强数字社会、数字政府建设，并提出建立数据资源产权、交易流通、跨境传输和安全保护等基础制度和标准规范。[①] 数字经济已成为引领经济发展的新引擎，而数据系数字经济的关键要素，这已成为全社会的共识，数据安全法通过建立一套完整的保障数据安全的制度框架，引导各方主体在这一制度框架内进行数据开发利用和有序流动，以此来促进数字经济的发展。除此以外，数据安全法还明确提出省级以上人民政府应当将数字经济发展纳入本级国民经济和社会发展规划，并根据需要制定数字经济发展规划。为了将促进数字经济发展的措施落到实处，数据安全法还规定了许多具体制度措施，如明确提出推进数据开发利用技术和数据安全标准体系建设、建立政务数据开放制度，等等。

【关联规定】

《中华人民共和国民法典》第127条

（撰稿人：周学峰）

第八条　【数据处理者的基本义务】开展数据处理活动，应当遵守法律、法规，尊重社会公德和伦理，遵守商业道德和职业道德，诚实守信，履行数据安全保护义务，承担社会责任，不得危害国家安全、公共利益，不得损害个人、组织的合法权益。

【释义】

本条规范的对象是数据处理活动主体的基本法律义务和伦理义务。

① 《中共中央关于制定国民经济和社会发展第十四个五年规划和二〇三五年远景目标的建议》，2020年10月29日中国共产党第十九届中央委员会第五次全体会议通过。

具体来讲，数据处理者开展数据处理活动，应当履行以下五项义务：

第一，数据处理者应当遵守法律、法规。法律、行政法规是对全体社会成员具有普遍的强制约束力的行为规范。数据处理活动应当在法律、行政法规规定的范围内，保证数据处理活动的合法性。此处应当注意数据处理活动区别于一般的民事行为，一般民事行为以意思自治为主，同时根据《民法典》第 8 条，以“禁止违反法律”为民事活动的限制性原则，言外之意是法无禁止均为可行。而数据处理活动则正面规定“遵守法律、法规”的义务，意味着数据处理活动是受到法律、行政法规严格监管的活动领域，应当严格依照法律、法规的规定开展，甚至暗含数据处理活动“法无规定则不可行”的特点。本条最后“不得危害国家安全、公共利益，不得损害个人、组织的合法权益”实际上属于“遵守法律、法规”的“限制性”同等表述，前者具体落实到了法律规范中的合法权利和利益的保护层面。

第二，数据处理者应当尊重社会公德和伦理。数据伦理在规范数据处理活动中占据重要的地位。究其原因在于，数据处理活动，尤其是伴随着人工智能发展的自动化数据处理，具有极高的专业性、技术性和“黑箱”特点，通过法律的外部监管往往难以打破“黑箱”，单独形成有效的技术监管效果，因此，对数据处理活动的政府监管需要行业自律和数据处理者自我监管的配合。在形成技术自律的过程中，技术伦理、数据伦理是除了法律之外最为重要的自律规则渊源。伦理规则往往能够起到法律规则所不具有的“软法”“向善”的治理效果，且当法律基于利益平衡的考量，往往仅规定最低的技术和价值标准时，伦理规则则可以倡议最高的道德和伦理要求，要求数据处理者自愿、尽最大努力去遵守。

第三，数据处理者应当遵守商业道德和职业道德，诚实守信。诚实信用是民事活动的基本原则之一，且是限制性原则。诚信原则要求民事主体秉持诚实，恪守诺言，尽最大的善意从事民事活动，特别是在合同缔约和履行过程中，应当合理确定双方的权利和义务，诚实行事，不欺不诈，自觉履行。针对商业性的数据处理活动，数据处理者也应当尊重现代民法上的这一“帝王条款”。

第四，数据处理者应当履行数据安全保护义务。数据安全保护义务的制度体系是实现《数据安全法》立法目的的核心制度。数据安全保护义务在《数据安全法》中独立成章，本法第四章是数据安全保护义务的具体制度展开。如果说本法第三章“数据安全制度”是直接体现国家承担的积极保护数据安全的国家义务，那么，数据安全保护义务的制度则间接体现了国家履行积极保护数据安全这一国家义务。数据安全保护义务作为一种公法私法化的“转介”性义务，实现了国家通过向数据处理者施加数据安全保护义务，从而实现数据安全保护这一间接规制的治理逻辑。

第五，数据处理者应当承担社会责任。承担社会责任也是数据处理者承担法定义务之外的“软法”和自律手段。具体来讲，是要求数据处理者在履行法律、法规规定的强制性的诚信义务、数据安全保护义务的基础之上，为自身和社会的可持续性发展，在道德规范、商业伦理、科技伦理等方面承担包括环境保护、生态保护、保障劳动权益、参与社会公益等为公共利益服务的社会责任。

【关联规定】

本法第 28 条，《中华人民共和国网络安全法》第 9 条，《中华人民共和国民法典》第 7 条、第 8 条

（撰稿人：魏露露）

第九条　【数据安全保护的社会共治】 国家支持开展数据安全知识宣传普及，提高全社会的数据安全保护意识和水平，推动有关部门、行业组织、科研机构、企业、个人等共同参与数据安全保护工作，形成全社会共同维护数据安全和促进发展的良好环境。

【释义】

本条规定了数据安全保护的社会共治，宗旨是提高全社会的数据安全保护意识和水平，形成维护数据安全和促进发展的良好环境。

本条的规范对象可分为两个层次：其一是抽象意义上的国家。此处可以理解为有关立法机关和政府机关，其规范义务是通过各种机制鼓励、支持有关部门、行业组织等主体开展数据安全知识宣传普及，以及通过立法（包括行政法规等政府立法）等形式推动有关部门、行业组织等主体共同参与数据安全保护工作。其二是有关部门、行业组织、科研机构、企业、个人。这些主体可根据授权参与数据安全保护工作，此种授权并非私法上的“权利”，而是“权力”，因此暗含“义务”与“责任”之意。在数据安全社会共治模式之下，有关部门等其他主体有义务亦有责任保护数据安全。

与《数据安全法（一审稿）》《数据安全法（二审稿）》相比，最终通过的《数据安全法》有多处修改，主要表现在三个方面：

第一，增加“国家支持开展数据安全知识宣传普及，提高全社会的数据安全保护意识和水平”的规定。《数据安全法》的立法宗旨是“规范数据处理活动，保障数据安全”，国家加强数据安全保护的立法和执法，仍属于一种外在的硬性的保护方式，此种方式固然很有必要，但如果单纯依靠此种方式，实施效果可能不尽如人意。如果能通过宣传教育来提高数据处理者等社会主体自身的数据安全保护意识和水平，则可在很大程度上从源头解决数据安全保护的隐患。也正因此，立法者在最后通过的正式文本中增加了上述规定。需要注意的是，法条表述是“国家‘支持’开展数据安全知识宣传普及”，并非国家直接开展此种活动，因为国家是抽象概念，这意味着开展此类活动的主体只能是有关政府部门或社会主体。

第二，删除《数据安全法（一审稿）》中“国家建立健全数据安全协同治理体系”的规定和《数据安全法（二审稿）》中“国家建立健全数据安全协作机制”的规定。《数据安全法》的起草过程有其特定背景。在大数据时代，数据体量车载斗量，种类千差万别，再加上数据共享机制的缺失、数据壁垒的广泛存在，部门、行业、企业等以自身为单位形成一个又一个“数据孤岛”，这导致了“合作性瓶颈”。并且，由于专业性的存在，在一定程度上加大了数据安全保护的难度。基于这一严峻形势，《数据安全法（一审稿）》提出“国家建立健全数据安全协同治理体系”，《数据安全法（二审稿）》修改为“国家建立健全数据安全协作机制”。但是，无论是“协同治理体系”还是“协作机制”，都是一个非常抽象难以落实的概念，如果载于条文而不能落实，便会成为“僵尸法条”。但是，这并不意味着我们不需要“协同治理”和“协作机制”，本条中“推动有关部门、行业组织、科研机构、企业、个人等共同参与数据安全保护工作”实际上传达了协同治理的含义，同样能起到社会共治的效果。

第三，社会共治的参与主体增加了科研机构。《数据安全法（一审稿）》和《数据安全法（二审稿）》在列举社会共治的参与主体时均以“……等”的形式作开放式列举，但最后通过的正式文本为强调科研机构在数据安全保护中的重要作用，将其专门列举。事实上，无论是高等教育机构的研究中心，还是大型互联网企业的研究院，都凭借其强大的智力资源在数据处理和数据保护方面发挥着十分重要并且难以替代的作用。因此，有必要专门列举科研机构。

当前，政府部门的数据安全保障压力较大、数据要素市场监管难度也不小，让行业组织、科研机构、企业、个人等共同参与数据安全保护工作，从各个方面来看均具有十分重大的意义：

第一，政府部门专业能力和执法资源相对匮乏。传统监管模式要求作为执法机构的政府部门对被监管主体的行为方式、性质和有关证据有一个清晰的认知，在大数据时代，这就引发了一个问题：执法机构是否具有足够的知识储备和专业技能应对数据安全保护工作。在科技水平和知识水平急速提升的今天，传统的直接而细密的监管模式可能疲于应对：执法机构专业水平存在相对不足，可能无法对数据安全保护的关键环节进行关注；

执法工作人员知识存在能力不足，可能无法发现数据安全领域存在的具体问题。此外，在算法、人工智能的辅助下，数据的处理、使用行为缺乏透明度，客观上加大了数据安全保护的难度。这就造成尽管执法机构发现了危害数据安全的行为，通常又会由于调查处理的旷日持久而无法及时禁止此类行为。《数据安全法》让社会主体共同参与数据安全保护工作，政府部门起主导和组织协调作用，既可以在一定程度上缓解数据安全保护专业性不足的问题，也能有效节省政府有限的执法资源。

第二，企业等社会主体是数据处理的重要主体。数据处理包括数据的收集、存储、使用、加工、传输、提供、公开等环节，在大数据时代，电商平台等互联网企业已经成为数据处理的重要主体，是一个事无巨细的信息收集人，平台两边用户的姓名、性别、年龄、住址、学历、消费偏好、支付能力等个人信息，以及每一笔交易的价格、标的、时间等都被有条理地储存于庞大的“信息池”中，经过高精度的算法处理，这些信息可以绘制出一幅精准的用户画像。由于规范的缺位以及政府监管的不足，企业等社会主体在数据处理过程中，很可能为了私利而肆意篡改、破坏、泄露用户数据，危害国家安全、公共利益或者公民、组织合法权益。让行业组织、科研机构、企业、个人共同参与数据安全保护工作，可以在以下两个方面发挥作用：一是强化企业的自律管理，同时强化行业组织、其他企业的同行监督作用以及科研机构的专业监督作用，以提高数据安全保护的专业化水平；二是发挥数据被收集者（特别是消费者及消费者权益保护组织）的外部监督作用，由于其为数据滥用的直接受害者，故更有动机去监督、举报危害数据安全的行为。

第三，多元主体的共同参与有利于提升数据安全保护领域的国家治理现代化水平。现代规制理论中出现了一种新的规制方式，即“后设规制”，该理论强调“对自我规制的规制，对自我管理的管理”。[①] 在过去，实务界和学界对规制的理解侧重强调两种对立的情形，即政府规制和自我规

① 参见高秦伟：《社会自我规制与行政法的任务》，载《中国法学》2015 年第 5 期。

制。政府规制意指命令控制型的规制模式，政府规制主体和规制对象之间的地位不平等；自我规制是被规制者自己制定规范并自觉践行，在平台经济中也被称为“平台自治”。显然，这种对不同规制模式的僵硬划分将政府规制和自我规制截然对立起来，使二者缺乏良性互动和双向合作。事实上，这两种规制模式之间并非泾渭分明、互无关系。后设规制正是基于该背景提出的，通过为自我规制主体设定外在制度约束、最低要求等方式，明确相关主体的自我规制义务，在政府规制和自我规制之间搭建桥梁，促进不同子系统之间的良性互动和相互合作，从而提高监管效率。《数据安全法》第 9 条实际上便是后设规制的体现，国家建立外在制度约束，明确数据处理者的自我规制义务，数据处理者通过落实数据安全保护责任参与到共同治理中来，并通过与政府部门的合作来防止数据违法行为。多元主体的共同参与可以形成以政府规制为基础的社会治理合力，必将有力提升数据安全保护领域中国家治理的科学化、精准化、高效化水平。

当然，《数据安全法》第 9 条仍属框架性规定，其适用难点在于如何具体推动规范精神的落实。特别是，企业往往是数据安全的“威胁者”，在数据安全社会共治中对企业角色的定位，让其既当好“运动员”又当好“裁判员”，是推动规范落实的重中之重，也是难点所在。对此，笔者认为，可进一步借鉴“后设规制”理论，借助外在规范约束和企业天生的自治属性，使企业自觉设定等于或高于法定要求的自律性规范，并借助政府规制作为兜底性保障，实现数据安全保护问题的社会共治，如此可能会取得更好的规制效果。

【关联规定】

《中国银保监会监管数据安全管理办法（试行）》第 6 条

（撰稿人：赵鑫）

第十条　【行业组织的数据安全保护义务】相关行业组织按照章程，依法制定数据安全行为规范和团体标准，加强行业自律，指导会员加强数据安全保护，提高数据安全保护水平，促进行业健康发展。

【释义】

本条的规范对象是行业组织，规定了行业组织的数据安全保护义务，宣示了行业组织在数据安全保护中的重要地位。本条的规范宗旨是通过强化行业自律提高数据安全保护水平，进而促进行业的健康发展。《数据安全法（一审稿）》中并无本条规定，鉴于行业自律在提高监管科学化水平、促进行业健康有序发展中的重要地位，立法者在《数据安全法（二审稿）》中增加本条规定。但是，全国人大常委会最终通过的正式法律文本也对《数据安全法（二审稿）》中的相应条款进行了修订，主要变化有两点：其一是行为规范和团体标准的制定除了依据行业组织章程之外，还必须“依法”。遵守法律本是任何主体实施任何行为的应有之义，故《数据安全法（一审稿）》与《数据安全法（二审稿）》未予规定，正式法律文本增加“法律”作为依据，似有强调之意；其二是行业组织除了需要制定行为规范之外，还需要制定团体标准。按照中国标准化研究院的定义，团体标准是由团体按照团体确立的标准制定程序自主制定发布，由社会自愿采用的标准。[①] 由此可见，团体标准虽无强制约束力，但仍可对自愿加入团体的成员有一定的约束作用。

就本条的具体内容来看，行业组织参与数据安全保护的具体义务可分为三个方面：

一是根据章程和法律制定数据安全行为规范和团体标准，这里实际上传达了两层含义，其一，行业组织有制定数据安全行为规范和团体标准的法定

① 参见《团体标准管理规定（试行）》第3条。

义务，行业组织需要通过一定的机制来明确什么样的行为必须为、什么样的行为可以为、什么样的行为禁止为，引导成员企业培养规范意识；其二，行为规范和团体标准的制定要严格依据行业组织的章程和现行法律。行业组织的章程往往规定了行业组织的性质、宗旨以及行业的基本特性，将章程作为制定依据，可以使后者更具有针对性，而遵守现行法律，则是应有之义。

二是加强行业自律。这是一个比较宏观的总体性要求，但可以理解为严格执行上述数据安全行为规范和团体标准，对违反规范和标准要求的行为通过行业内的机制予以处罚，以实现较好的行业自律效果。当然，除了负面惩处，行业组织还可以通过正面激励的方式加强行业自律，如树立行业内正面典型，对表现优秀的成员给予奖励、机会、便利等。

三是指导会员加强数据安全保护。这也是一个义务性的规定。行业组织聚集着行业内的各种资源，有能力通过培训、研讨、发放手册等方式就数据安全保护问题对成员企业进行指导。行业协会也可以建立一定的考核机制，动态监测成员企业保护数据安全的能力和水平，如果考核不合格则要重新学习。如此，便可有效增强成员企业的学习动力，自觉接受指导、教育。

行业组织，通常是相同类型的企业为了协调企业之间的经营活动，基于共同的利益诉求，在自愿基础上组织起来的一种民间性、非营利性的社会中介机构。按照《民法典》第 87 条规定的分类，行业组织属于非营利法人中的社会团体。行业组织的产生是市场经济发展的客观要求，也是市场经济发展的必然结果，这缘于行业组织的宗旨——行业成员利益的代言人和维护者，同时，亦是行业成员与政府之间的沟通者和协调者。行业成员通过行业组织，实现了其与政府之间博弈的组织化和理性化，从而有效地克服了行业成员因个体博弈而带来的弱势化和非理性的缺点。由此可见行业组织的作用是根据行业组织章程维护成员利益，并在成员与政府之间搭建起沟通的桥梁。

事实上，通过行业组织引导行业自律，已成为行业立法的通常做法。例如，《网络安全法》第 11 条、《食品安全法》第 9 条、《广告法》第 7 条等，都对行业组织加强行业自律提出了要求，这主要是因为行业组织在各自行业中扮演着十分特殊的角色，相比较单纯的政府监管，行业自律有着诸多优势。具体到数据安全保护领域，通过行业组织引导行业自律具有如下优势：

第一，增强成员的参与意识，进而积极主动保护数据安全。行业组织由成员企业构成，因此在培育成员企业的参与意识方面具有天然优势。成员之间可以基于行业组织建立长期合作，行业组织也可采用集体惩戒的方式有效降低短期利益行为，增进成员企业之间的信任，形成正外部性，进而促进信誉机制的形成。[①] 从这个角度来看，强化行业组织的作用可以软化成员企业的抵触心理，让其积极参与到数据安全保护工作中来。

第二，节省有限的立法资源和执法资源。传统的立法过程较长，由于专业所限，立法者可能并不完全了解立法所针对的行业，其所制定的法律在某种程度上可能并不具有实际应用价值。而且，法律本身具有滞后性，大数据时代的发展一日千里，立法机关如果不能对此及时地进行调整和修改，将会进一步削弱法律的时效性。执法过程更是如此，海量而复杂的数据给政府执法工作带来大量的资源耗费。相比于国家立法和执法，行业自律的成本更低。因为行业自律可以创设更符合实际情况的信息保护标准，同时避免立法滞后的弊端，大大节约了企业合规成本。成员企业更熟悉其经营规则，更有利于建构有效的信息保护标准。相比于政府，行业组织更接近市场，能够在很大程度上克服信息传递失真问题，从而有效避免资源的无谓耗费。

第三，较强的制度弹性能够兼顾数据安全保护与创新。政府规制属于一种刚性规制，企业多少具有一定的抵触心理，在数据安全保护与创新中难以找到平衡。但是在行业自律中，由于其是一种相对软性的规制方式，可以保有一定的灵活性，对于行业经营者而言，基于共同利益，则更容易接受自己行业所建立的规则。如此，成员企业既有意愿去遵守自律性规范，又有动力去促进数据行业创新。

但是，我们也不能过度信任行业自律的作用，行业自律也存在诸多弊

---

① 参见郭薇：《政府监管与行业自律：论行业协会在市场治理中的功能与实现条件》，中国社会科学出版社 2011 年版，第 161 页。

端。一方面，行业自律规范本身不够严谨，规范制定的过程缺乏监督和透明度，消费者会因未参与到行业规范制定过程而利益受损。甚至可能会出现行业规范所导向的利益凌驾于公共利益之上的情况，因为其代表着行业的整体利益。另一方面，规范内容没有强制执行效力，执行过程缺乏有效的监督，执行结果缺少充分的救济。自律规范的执行者并无类似于政府那样绝对的处罚或者惩戒的权力。美国民主与科技中心顾问就曾指出，“行业自律明显缺乏监督和执行”“行业制定的政策几乎没有给消费者提供有意义的救济和申诉机会”。[①] 行业自律非但不能保护数据信息，更可能使成员企业肆无忌惮地侵害数据安全。上述观点虽过于偏颇，但在一定程度上反映了行业组织消极的一面，这些都需要国家立法和执法予以兜底性保障。

另外，本条的适用也存在一定的疑难之处。本条只是对行业组织的一个宏观要求，如何具体落实以及不落实的法律后果均不明确。以制定数据安全行为规范为例，该行为规范应该包括哪些内容？规范内容的法律效果如何？这些问题不是单单一个行业组织能够解决的，而是需要国家通过立法等形式予以明确。如此，方可提高本条规范的可操作性。

【关联规定】

《中华人民共和国网络安全法》第 11 条

（撰稿人：赵鑫）

第十一条 【促进数据跨境流动】 国家积极开展数据安全治理、数据开发利用等领域的国际交流与合作，参与数据安全相关国际规则和标准的制定，促进数据跨境安全、自由流动。

---

① Deidre K. Mulligan, Janlori Goldman, The Limits and the Necessity of self - regulation: the case for Both, at https: //www. ntia. docgov/page/chapter - 1 - theory - markets - and - privacy, last visited on March 23, 2017. 转引自张继红:《大数据时代个人信息保护行业自律的困境与出路》，载《财经法学》2018 年第 6 期。

【释义】

本条规范的是国家开展数据领域国际合作，参与数据安全相关国际规则和标准的制定，促进数据跨境流动。在经济和科技全球化的时代背景下，数据的跨境流动将会越来越频繁。在《数据安全法》中表明中国支持数据领域国际合作，促进数据跨境流动的基本立场显得非常必要。同时，由于当前在数据的跨境流动方面并未建立拥有广泛共识的国际规则和标准。因此，我国也应积极参与数据安全相关的国际规则和标准的制定，只有基于统一的数据安全的国际规则和标准，数据的跨境自由流动才能实现。

数据跨境安全、自由流动对于全球数字经济的发展至关重要。数据跨境流动规则需要在隐私、数据保护、消费者保护、经济发展、网络安全、国家安全和执法等国内政策目的和数据的国际性流动之间寻求平衡。而复杂且差异化的国内数据立法和政策导向往往导致国际互信难以建立，从而限制数据跨境传输的方向，制约数据的跨境流动。不同类型数据的跨境传输，如个人数据与非个人数据，敏感数据、关键数据等定义频繁出现在各国的数据保护立法中，不同类型的数据受到不同的法律机制的调整，而各国间对数据分类及定义也不统一，这将导致数据的跨境传输的法律适用问题更加复杂。从各国不同的数据跨境流动规则实践来看，存在四大类数据流动规则：

（一）不设限制的数据自由流动机制。不设限制的数据自由流动意味着数据可以自由地跨境传输而不须满足任何法定条件。鉴于国家及地区之间的互信程度较低，这一数据流动机制较少。典型代表立法是 2018 年 10 月欧盟出台的《欧盟非个人数据自由流动条例》（Regulation on a framework for the free flow of non－personal data in the European Union），旨在实现非个人数据在欧盟境内的自由流动，禁止成员国不符合比例原则的公共安全理由以外的数据本地化立法。[①]

---

① 参见《欧盟非个人数据自由流动条例》第 1 条、第 2 条。

（二）有条件的数据流动机制。最典型的有条件的数据跨境流动规则是个人数据保护法律机制，大部分国家的个人数据立法均属于此类数据流动规则，但是各个国家允许数据跨境流动的条件不一，大体上欧美、日韩、澳大利亚等发达国家之间采取的签订双边或多边协议的方式，目前在个人数据流动与共享方面获得的共识较多。欧盟与日本在2019年1月达成了个人数据跨境流动的《欧盟－日本充足性决定》（EU－Japan Adequacy Decision），[①] 这将创造世界上最大的安全数据流通区域，欧盟成员国企业将有权访问1.27亿日本消费者的个人数据。这意味着欧盟官方认可日本的个人数据保护水平与欧盟GDPR持平，欧盟公民的个人数据向日本的传输将等同于在欧盟境内的传输，也意味着GDPR成为欧盟与日本之间个人数据流动的统一标准。另外，也存在以欧盟《一般数据保护条例》（General Data Protection Regulation，简称GDPR）为立法范本的发展中国家，如巴西，完全沿用GDPR中的数据跨境传输规则。

（三）数据本地化存储或处理的要求。数据本地化存储或处理的法律规定在许多发展中国家，甚至在部分发达国家的数据保护立法中也并不少见。数据本地化要求的立法目的复杂、迥异且繁多。整体上，发达国家反对宽泛的数据本地化要求，而发展中国家则更多地倾向于宽泛的数据本地化。发展中国家的数据本地化要求多出于国家安全、网络安全、数据安全，以及监管执法、国家战略、地缘政治等宽泛性考量，而发达国家的相关规则目的往往更加具体，多是对特殊数据、敏感数据的强化保护，以保护公民基本权利和尊严。如俄罗斯2015年《数据安全法》规定了个人数据本地化处理的规则，根据该条款，数据运营者必须确保对俄罗斯公民的个人数据的记录、系统化、累积、存储、清晰化（更新或修正）和抽取必须使用位于俄罗斯境内的数据库，因此对个人数据的初次处理应在俄罗斯境内进行，该法允许个人数据在满足法定条件的前提下在境外存储作为二次备份，也允许满足法定条件的境外实体访问位于俄罗斯境内的数据库。

---

① 参见“EU Japan Adequacy Decision－Fact Sheet”。

印度2019年《个人数据保护法》规定了敏感数据本地存储的规定。印度尼西亚政府在2019年10月实施了“关于执行电子系统和交易的第71号政府条例”（GR71），取代之前的“GR82”，印尼的数据本地化要求仅适用于公共电子系统提供者。

（四）禁止数据跨境流动。禁止数据跨境流动的规定主要针对特殊类别的数据，如印尼法律中的公共电子系统服务提供者的数据，以及澳大利亚法律中的可识别个人的健康数据。澳大利亚2018年11月对《我的健康记录法案》进行了修改，该法案第77章禁止对可识别个人的健康记录在境外存储和处理。[①] 欧盟未对健康数据跨境传输设置额外的限制，但是健康数据属于GDPR中的敏感数据，受到更加严格的监管。

发达国家与发展中国家在数据跨境流动方面的分歧在2019年6月的大阪G20峰会得到充分体现。发达国家由于具备强大的数据收割能力，因而积极推进数据的跨境自由传输，反对数据本地化。会议中，日本提出建立允许数据跨境自由流动的“数据流通圈”，为谋求共识，日本政府提出了“信赖”“自由”等宽泛概念。中国、美国、日本等国领导人共同签署了“大阪数字经济宣言”，正式启动“大阪轨道”。然而，印度、印度尼西亚和南非则拒绝在宣言上签字。印度以需要加强数据的本地化存储为由拒绝签字。早在6月8日于日本筑波举行G20部长级会议上，印度商业部长戈亚尔（Piyush Goyal）就曾表示，数据跨国间的分隔与流通“严重阻碍发展中国家从数据贸易中获利”。[②] 发展中国家需要时间来培育、建设数据基础设施，从而克服能力上的短板，这对各国在数字经济领域公平竞争十分重要。

只有在数据市场、治理规则和数字基础设施在不同国家间均衡发展的前提下，数据的跨境自由流动才能够公平、安全和有序，并惠及所有人，而不仅是发达国家。

---

① 参见2018年《澳大利亚“我的健康记录”修正案》[My Health Records Amendment (Strengthening Privacy) Bill 2018]，载澳大利亚议会官网，https://www.aph.gov.au/Parliamentary_Business/Bills_LEGislation/Bills_Search_Results/Result?bId=r6169，2021年6月10日访问。

② 《G20发布“大阪数字经济宣言”中美立场对比强烈》，载凤凰网2019年6月29日，https://news.ifeng.com/c/7nu7j1r7l2G，2021年6月10日访问。

【关联规定】

《中华人民共和国网络安全法》第7条

（撰稿人：魏露露、赵精武）

第十二条 【投诉举报机制】 任何个人、组织都有权对违反本法规定的行为向有关主管部门投诉、举报。收到投诉、举报的部门应当及时依法处理。

有关主管部门应当对投诉、举报人的相关信息予以保密，保护投诉、举报人的合法权益。

【释义】

本条是关于投诉举报机制的规定。

数据安全法旨在通过建立一套数据安全监管制度，保护个人、组织与数据相关的权益，维护公共安全和国家安全。为了保障数据安全，数据安全法为数据处理者规定了许多法律义务，为了保障立法所确定的法律义务能够落到实处，数据安全法除了规定数据安全监管制度以外，还规定了投诉、举报机制。

所谓投诉，是指投诉人认为被投诉人的行为违反了法律规定并导致其合法权益遭受损害而请求有关主管部门依法予以处理的行为。投诉人所遭受的损害有可能是其民事权益受损，投诉人与被投诉人之间存在民事争议，投诉人可以自由选择向人民法院提起民事诉讼或向有关主管部门提出投诉。立法者设置投诉机制的意义在于为受害者提供一个获得行政救济的途径，以使得其投诉事项得以快速处理，使得合法权益可以快捷的方式得到救济。

所谓举报，是指个人或组织发现他人从事违法行为而向有关主管机关提供相关线索的行为。举报与投诉有所不同，举报人所举报的违法事项有可能与自身权益有关，也有可能与自身权益无关。举报的目的不在于维护举报人自身的合法权益，而在于请求有关主管机构依据其提供的线索进行调查并追究违法者的法律责任和维护法律秩序。

在数据安全领域，个人、组织认为数据处理者的数据处理行为违反了数据安全法而侵害了其合法权益时，可以请求有关主管部门予以处理。主管部门可以对个人、组织与数据处理者之间的争议进行调查和处理。对于数据安全领域的违法行为，任何人均有权向有关主管部门进行举报，提供相关线索材料，请求有关主管部门依据数据安全法和相关法律进行调查并对违法责任人予以处罚。在数据安全领域，一些违法行为有可能对国家安全构成危害，但未必对个人或组织的民事权益产生直接影响，即使其不在投诉的范围内，仍属于举报的范围。

依照数据安全法的要求，相关主管部门都应当建立投诉、举报机制，明确受理投诉、举报的条件，以及处理投诉、举报的程序和时限。收到投诉、举报的部门应当依照有关规定对投诉、举报的事项及时进行调查，并在规定的时限内处理完毕。受理投诉的部门在对投诉事项进行处理时，在征得投诉人和被投诉人的同意后，可以采用调解的方式。收到举报的部门应当对举报事项依照有关规定进行调查和处理，并应当及时向举报人反馈处理结果。受理投诉、举报的有关部门如果在调查处理的过程中发现有违反数据安全法和相关法律、法规的，可以对违法行为人依法予以处罚。

为鼓励相关当事人积极地对数据安全领域的违法行为进行投诉、举报，数据安全法明确要求有关主管部门应当对投诉、举报人的相关信息予以保密，保护投诉、举报人的合法权益不受侵犯。如果负责投诉、举报的部门和责任人违反规定泄露了举报人的真实身份等相关信息，应当依法承担相关责任。

（撰稿人：周学峰）

第二章　数据安全与发展

第十三条　【统筹发展和安全】 国家统筹发展和安全，坚持以数据开发利用和产业发展促进数据安全，以数据安全保障数据开发利用和产业发展。

【释义】

本条在《数据安全法（一审稿）》中表述为："国家坚持维护数据安全和促进数据开发利用并重，以数据开发利用和产业发展促进数据安全，以数据安全保障数据开发利用和产业发展。"在《数据安全法（二审稿）》改为："国家统筹发展和安全，坚持保障数据安全与促进数据开发利用并重，以数据开发利用和产业发展促进数据安全，以数据安全保障数据开发利用和产业发展。"《数据安全法（二审稿）》调整了语言表述，将"维护数据安全"改为"保障数据安全"，同时增加了"国家统筹发展和安全"的规定。最终通过的《数据安全法》取消了"坚持保障数据安全与促进数据开发利用并重"。

国家坚持保障数据安全与促进数据开发利用并重的战略。虽然最终通过的《数据安全法》取消了"坚持保障数据安全与促进数据开发利用并重"，但保障数据安全与促进数据开发利用并重是"以数据开发利用和产业发展促进数据安全，以数据安全保障数据开发利用和产业发展"的应有之义。随着互联网技术的高速发展，移动互联网、云计算、人工智能等技术层出不穷，数据的集中涌现催生了大数据时代。在大数据时代，保障数据安全和促进数据开发利用，统筹数据法治安全和数据开发利用，对于促进数字经济发展，保障公民、组织的合法权益，维护国家安全和提升国际竞争力，都具有重要的意义。保障数据安全与促进数据开发利用是并行不悖、相互促进的关系。党的十九届四中全会首次将数据作为独立的生产要素提出，要求“健全劳动、资本、土地、知识、技术、管理、数据等生产要素由市场评价贡献、按贡献决定报酬的机制”。① 2020 年 4 月 9 日，中共中央、国务院印发《关于构建更加完善的要素市场化配置体制机制的意见》，明确提出“加快培育数据要素市场”，包括推进政府数据开放共享，提升社会数据资源价值，加强数据资源整合和安全保护。② 数据法治必然需要兼顾数据红利与数据安全。③ 数据安全是发展的保障，发展是安全的目的。④《数据安全法》虽然是一部以“安全”为名的法案，但是同时承载着数据安全与发展利用的双重任务。《数据安全法》第 13 条将数据安全和促进数据开发利用定位为“并重”，将促进数据的开发利用确立为一项重要的法律原则。虽然该条位于第二章而非总则部分，但是根据体系解释，该条与第一章总则的第一条立法目的是可以结合理解的。基于此，该条促进数据开发利用的原则应当被解读为一项贯穿《数据安全法》各项制度的基本原则。⑤

加强数据开发利用和推动数据产业发展，有利于促进数据安全的保障，也是保障数据安全的目的。数据安全法律规制，应该重视共享与开放，更好地促进网络信息产业的发展，而不是窒息其生机与活力。⑥ 近年来全球数字经济的迅猛发展，被誉为 21 世纪“石油”的数据成为各国发

① 《中共中央关于坚持和完善中国特色社会主义制度 推进国家治理体系和治理能力现代化若干重大问题的决定》，2019 年 10 月 31 日中国共产党第十九届中央委员会第四次全体会议通过。

② 《中共中央 国务院关于构建更加完善的要素市场化配置体制机制的意见》，载中国政府网 2020 年 4 月 9 日，http：//www. gov. cn/zhengce/2020 – 04/09/content_ 5500622. htm，2021 年 6 月 1 日访问。

③ 肖冬梅、文禹衡：《法经济学视野下数据保护的规则适用与选择》，载《法律科学》2016 年第 6 期。

④ 许可：《数据安全凛冬中的数据安全法》，载 FT 中文网 2018 年 12 月 11 日，http：//www. ftchinese. com/story/001080614，2021 年 6 月 10 日访问。

⑤ 徐玖玖：《数据法治安全与发展价值的衡平路径——以〈数据安全法（草案）〉的突破与困境为视角》，载《山东科技大学学报（社会科学版）》2021 年第 2 期。

⑥ 韩伟：《安全与自由的平衡——数据安全立法宗旨探析》，载《科技与法律》2019 年第 6 期。

展战略中的重点。数据是国家基础性战略资源，对数据的掌控能力日益成为衡量国家竞争力的关键因素。促进数据开发利用，可以融入经济社会发展的方方面面。我国网络购物、移动支付、共享经济等数字经济新业态新模式蓬勃发展，走在了世界前列。促进数据开发利用，首先，应当加快构建以数据为关键要素的数字经济，推动互联网、大数据、人工智能同实体经济深度融合，推动制造业加速向数字化、网络化、智能化发展。其次，促进数据开发利用，还可以推动国家治理能力和治理体系现代化，电子政务、智慧城市等建设对于推动政府决策科学化、社会治理精准化、公共服务高效化都具有重要意义。最后，大数据在保障和改善民生方面大有所为。推进"互联网 + 教育""互联网 + 医疗""互联网 + 文化"等，有助于提升服务水平，保障改善民生。充分利用数据资源，加快数字中国建设，我国应当进一步采取措施，推进数据的开发和利用，推动数据产业发展。《数据安全法》为促进数据开发利用提供了诸多具体的制度保障。如《数据安全法》第 14 条第 1 款规定："国家实施大数据战略，推进数据基础设施建设，鼓励和支持数据在各行业、各领域的创新应用。"第 19 条规定："国家建立健全数据交易管理制度，规范数据交易行为，培育数据交易市场。"第 42 条规定："国家制定政务数据开放目录，构建统一规范、互联互通、安全可控的政务数据开放平台，推动政务数据开放利用。"这些具体制度对于推进数据的开发和利用、促进数据产业发展具有重要意义。

数据安全是加强数据开发利用和推动数据产业发展的基本保障。没有数据安全保障，数据开发利用就无法得到有序发展，数据产业发展和数字中国建设更无从谈起。数据安全是国家安全的重要组成部分，数据具有国家主权属性，海量的经济、社会、地理等数据，不再是私权保护所能涵摄的，而是具有了国家主权的属性。[①] 在商业领域中，大数据的安全问题同样存在。随着互联网技术的迅速发展，数据安全问题也日益突出。通信信息、银行信息等个人隐私数据的大规模泄露、数据黑市交易、个人信息非

---

① 韩伟：《安全与自由的平衡——数据安全立法宗旨探析》，载《科技与法律》2019 年第 6 期。

法使用等问题所导致的社会矛盾也日益尖锐。地下数据交易猖獗，数据泄露和网络攻击事件频发，对个人隐私保护、企业安全生产、经济社会发展乃至国家安全都带来了巨大的挑战。由于数据本身的特性，数据安全具有与其他领域安全问题完全不同的属性。数据资源可被复制，复制后痕迹难以追溯，与此相关的密文存储和计算、数据加密与溯源等技术尚不成熟。大数据环境下，数据的全生命周期安全防护所需投入成本高，成本效益比低，给数据安全保障带来了巨大挑战。《数据安全法》鲜明地将保障数据安全作为立法目的，具有现实必要性。《数据安全法》第 4 条规定："维护数据安全，应当坚持总体国家安全观，建立健全数据安全治理体系，提高数据安全保障能力。"这一规定，为保障数据安全提供了基本指引和根本遵循。同时，该法第 21 条规定的"数据分类分级保护制度"、第 22 条规定的"数据安全风险评估、报告、信息共享、监测预警机制"、第 23 条规定的"数据安全应急处置机制"、第 24 条规定的"数据安全审查制度"、第 25 条规定的"与维护国家安全和利益、履行国际义务相关的属于管制物项的数据的出口管制制度"等具体制度，构建了全方位保障数据安全的制度之网。保障数据安全，需要构建一个内容多元的法律体系。在《数据安全法》之外，应当充分运用刑事、民事、行政法律规范和行业自治规范，共同构筑数据安全的防线。

保障数据安全和促进数据开发利用，不仅相辅相成、相互促进，也不可避免地存在矛盾和冲突。安全与发展是《数据安全法》的两大核心价值，但两者属于不同质的价值目标。对于安全价值的追求并不要求考虑成本与收益的影响因素，而是以达到降低风险、确保安全为唯一目标；对于发展价值的追求则更多需要围绕利益的均衡考量，法律需要在必要情况下牺牲一部分安全价值以满足发展价值的要求。不同质法律价值目标之间的冲突存在客观性和必然性，这种矛盾是内在的。[①]《数据安

---

① 徐玖玖：《数据法治安全与发展价值的衡平路径——以〈数据安全法（草案）〉的突破与困境为视角》，载《山东科技大学学报（社会科学版）》2021 年第 2 期。

全法》坚持安全与发展并重的导向，力求在安全和发展之间做到平衡，而非只追求其一而忽视其他。《数据安全法》第 21 条确定的分级管理制度，充分体现了该法的价值取向和立法智慧。这一制度设计一方面为重要数据的安全保障奠定基础，强化对于重要数据的管理；另一方面为其他数据的开发和利用留足空间，在此基础上衍生数据交易等制度激励市场发展。《数据安全法》第 19 条规定的数据交易制度，充分保障了市场在资源配置中的决定性作用，对于协调数据安全与发展具有重要意义。

【关联规定】

本法第 4 条、第 18 条、第 20 ~ 24 条、第 41 条

（撰稿人：韩富鹏）

第十四条　【实施国家大数据战略】 国家实施大数据战略，推进数据基础设施建设，鼓励和支持数据在各行业、各领域的创新应用。

省级以上人民政府应当将数字经济发展纳入本级国民经济和社会发展规划，并根据需要制定数字经济发展规划。

【释义】

本条在《数据安全法（一审稿）》中表述为："国家实施大数据战略，推进数据基础设施建设，鼓励和支持数据在各行业、各领域的创新应用，促进数字经济发展。省级以上人民政府应当制定数字经济发展规划，并纳入本级国民经济和社会发展规划。"《数据安全法（二审稿）》将"省级以上人民政府应当制定数字经济发展规划，并纳入本级国民经济和社会发展规划"改为"县级以上人民政府应当将数字经济发展纳入本级国民经济和

社会发展规划，并根据需要制定数字经济发展规划”。最终通过的《数据安全法》再次将“县级以上人民政府”改为“省级以上人民政府”，规定省级以上人民政府应当将数字经济发展纳入本级国民经济和社会发展规划，并根据需要制定数字经济发展规划。

国家实施大数据战略，数据被称为“21 世纪的石油”，在大国博弈日益突出的背景下，数据已经成为国家重要的竞争要素和战略资源。数据被认为是关键的生产要素，其重要性日益与劳动、资本和技术等传统生产要素相当。① 从某种意义上说，谁能下好大数据这颗先手棋，谁就能在未来的竞争中占据优势，掌握主动。2020 年 2 月，欧盟委员会公布了《塑造欧洲的数字未来》战略，包括数字转型思路、人工智能白皮书、欧洲数据战略等内容。② 我国同样高度重视数据这一生产要素和战略资源，党的十八届五中全会提出“实施国家大数据战略”，③ 2016 年 3 月《国民经济和社会发展第十三个五年规划纲要》在第 27 章专章规定了“实施国家大数据战略”，要求把大数据作为基础性战略资源，全面实施促进大数据发展行动，加快推动数据资源共享开放和开发应用，助力产业转型升级和社会治理创新，并就加快政府数据开放共享、促进大数据产业健康发展提出了具体要求。④ 至此，大数据战略上升到国家战略层面。实施国家大数据战略，旨在全面推进我国大数据发展和应用，加快建设数据强国，推动数据资源开放共享，释放技术红利、制度红利和创新红利，促进经济转型升级。《数据安全法》第 14 条鲜明地规定了国家实施大数据战略，对于新时代我国经济社会发展和综合国力提升都具有重要的积极意义。

基础设施层是整个数据产业的引擎和基础，推进数据基础设施建设，

---

① 庄子银：《大数据如何更好地服务于国家发展战略》，载《人民论坛》2021 年第 5 期。

② 参见《塑造欧洲的数字未来》，载欧盟委员会官网，https：//ec. europa. eu/info/strategy/priorities -2019 -2024/europe - fit - digital - age/shaping - europe - digital - future_ en，2021 年 6 月 18 日访问。

③ 《中国共产党第十八届中央委员会第五次全体会议公报》，2015 年 10 月 29 日中国共产党第十八届中央委员会第五次全体会议通过。

④ 《中华人民共和国国民经济和社会发展第十三个五年（2016 -2020 年）规划纲要》，载共产党员网，https：//www. 12371. cn/special/sswgh/wen/，2021 年 6 月 15 日访问。

是国家实施大数据战略的基本前提和重要保障。2015 年 8 月 31 日，国务院印发了《促进大数据发展行动纲要》（国发〔2015〕50 号），纲要明确要求应统筹规划大数据基础设施建设。结合国家政务信息化工程建设规划，统筹政务数据资源和社会数据资源，布局国家大数据平台、数据中心等基础设施。加快完善国家人口基础信息库、法人单位信息资源库、自然资源和空间地理基础信息库等基础信息资源和健康、就业、社保、能源、信用、统计、质量、国土、农业、城乡建设、企业登记监管等重要领域信息资源，加强与社会大数据的汇聚整合和关联分析。此后，国务院印发的《新一代人工智能发展规划》（国发〔2017〕35 号），农业农村部办公厅印发的《2020 年农业农村部网络安全和信息化工作要点》（农办市〔2020〕6 号），科技部、中央宣传部、中央网信办等印发的《关于促进文化和科技深度融合的指导意见》（国科发高〔2019〕280 号），工业和信息化部印发的《大数据产业发展规划（2016 - 2020 年）》（工信部规［2016］412 号）等文件，均明确指出应加强数据基础设施建设。数据正在成为经济社会发展最为重要的生产资料之一，5G、云计算、大数据、物联网、人工智能等新技术则持续推动了数据的爆炸性增长。加强数据基础设施建设是解决上述问题的关键，出色的数据基础设施可以加速实现数据价值的变现。完善的数据基础设施应该涵盖接入、存储、计算、管理和数据使能等多个领域，通过汇聚各方数据，提供“采—存—算—管—用”全生命周期的支撑能力，构建全方位的数据安全体系，打造开放的数据生态环境，让数据存得了、流得动、用得好，将数据资源转变为数据资产。在新形势下，我国应进一步加强数据基础设施建设，引导地方政府和有关企业统筹布局数据中心建设，引导大数据基础设施体系向绿色集约、布局合理、规模适度、高速互联方向发展；同时，也应加强网络基础设施建设，推动移动网络扩容升级，持续推动网络提速降费。《数据安全法》第 14 条明文规定“国家推进数据基础设施建设”，在立法层面为数据基础设施建设提供了法律保障。

国家鼓励和支持数据在各行业、各领域的创新应用。本条款的规范性质为倡导性规范。大数据战略涉及国民经济社会发展和人民生产生活各方面，在各行业、各领域都有着广泛的应用，对于推动经济转型升级、塑造国家核心竞争优势、提升政府治理能力都具有重要意义。比如，大数据为乡村全面振兴提供了全新的手段和工具，是实现乡村全面振兴的有力支撑，也是实现数字经济与乡村振兴融合发展、提升乡村振兴质量和水平的重要途径。[①] 再如，完善医疗大数据治理能够提升数据管理及服务水平、提高数据质量、增强组织决策分析能力与数据治理能力，可以为精准医疗提供大数据支持。[②] 大数据战略对于国家治理能力和治理体系现代化也具有重要意义。大数据可作为实现国家治理体系和治理能力现代化的新手段，加快国家治理体系和国家治理能力现代化进程。大数据有利于政府科学决策和社会科学治理，实现政府决策科学化、社会治理精准化、公共服务高效化；有利于政府打通内部的信息壁垒，实现全国信息资源共享，实现跨层级、跨地域、跨系统、跨部门、跨业务的协同管理和服务；有利于政府依托"互联网+"战略推进民主保障工作和改善工作，提升公共服务均等化、普惠化、便捷化。[③] 促进数据在各行业各领域的应用发展，对各行业经营管理方式变革、服务模式和商业模式创新及产业价值链体系重构，具有重要意义。新形势下推动数据在各行业、各领域的广泛利用，需要进一步加强大数据在重点行业领域的深入应用，促进跨行业大数据融合创新，在政府治理和民生服务中提升大数据运用能力，推动大数据与各行业领域的融合发展。《数据安全法》第14条明确规定"国家鼓励和支持数据在各行业、各领域的创新应用"，为数据与各行业、各领域的深度融合提供了法律保障。

国民经济和社会发展规划是全国或者某一地区经济、社会发展的总体纲要，是具有战略意义的指导性文件。制定和实施国民经济和社会发展规划，引领经济社会发展，是我们党治国理政的一种重要方式，是中国特色

---

① 肖若晨：《大数据助推乡村振兴的内在机理与实践策略》，载《中州学刊》2019年第12期。

② 翟运开等：《面向精准医疗的大数据治理框架研究》，载《中国卫生事业管理》2020年第7期。

③ 王军：《把握时机做好国家大数据战略》，载《中国党政干部论坛》2018年第1期。

社会主义发展模式的重要体现。《数据安全法》第 14 条第 2 款规定："省级以上人民政府应当将数字经济发展纳入本级国民经济和社会发展规划，并根据需要制定数字经济发展规划。"这对于数字经济发展具有重要意义。国民经济和社会发展规划统筹安排和指导全国或某一地区的社会、经济、文化建设工作。数字经济是互联网发展到成熟阶段后产生的社会经济形态，其本质是信息化。数字经济具有快捷性、高渗透性和外部经济等特性，它已成为推动经济增长的新动能，甚至可能会引起第三次产业革命。[①] 在国家层面，数字经济已经纳入十四五规划纲要。《国民经济和社会发展第十四个五年规划和 2035 年远景目标纲要》第 15 章专章规定了"打造数字经济新优势"，要求充分发挥海量数据和丰富应用场景优势，促进数字技术与实体经济深度融合，赋能传统产业转型升级，催生新产业新业态新模式，壮大经济发展新引擎。该纲要明确了云计算、大数据、物联网、工业互联网、区块链、人工智能、虚拟现实和增强现实技术七项数字经济重点产业。[②]《数据安全法》第 14 条第 2 款要求省级以上各级人民政府将数字经济发展纳入国民经济和社会发展规划，并根据需要制定数字经济发展规划，有利于各级政府把数字经济发展摆在突出位置，保障国家大数据战略的有效实施。而最终通过的《数据安全法》改变了《数据安全法（二审稿）》中的"县级以上人民政府应当将数字经济发展纳入本级国民经济和社会发展规划，并根据需要制定数字经济发展规划"，是充分考虑我国国情的结果。我国地大物博，不同县域的功能定位、经济发展模式、自然社会条件存在不同，一律要求县级以上人民政府将数字经济发展纳入本级国民经济和社会发展规划，并不符合我国发展实际。

---

① 钟春平：《中美比较视角下我国数字经济发展的对策建议》，载《经济纵横》2017 年第 4 期。

② 《中华人民共和国国民经济和社会发展第十四个五年规划和 2035 年远景目标纲要》，载中国政府网 2021 年 3 月 13 日，http：//www. gov. cn/xinwen/2021 -03/13/content_ 5592681. htm，2021 年 6 月 10 日访问。

【关联规定】

《中华人民共和国网络安全法》第3条,《促进大数据发展行动纲要》,《国家大数据产业发展规划(2016－2020年)》

(撰稿人:韩富鹏)

第十五条 【鼓励数据开发提升公共服务】国家支持开发利用数据提升公共服务的智能化水平。提供智能化公共服务,应当充分考虑老年人、残疾人的需求,避免对老年人、残疾人的日常生活造成障碍。

【释义】

本条文是新增条文,在《数据安全法(一审稿)》和《数据安全法(二审稿)》中并未规定。根据全国人大常委会法制工作委员会介绍,对比此前两次审议稿,《数据安全法(草案三次审议稿)》作如下主要修改:"一是建立工作协调机制,加强对数据安全工作的统筹。二是明确对关系国家安全、国民经济命脉、重要民生、重大公共利益等数据实行更严格的管理制度。三是要求提供智能化公共服务应当充分考虑老年人、残疾人的需求,不得对老年人、残疾人的日常生活造成障碍。四是进一步完善保障政务数据安全方面的规定。五是加大对违法行为的处罚力度。"由此可见,为了特别照顾老年人、残疾人等特殊困难群体,增加了本条规定。同时,本条内容呼应本法第1条的规范目的,即为了规范数据处理活动,保障数据安全,促进数据开发利用,保护个人、组织的合法权益,维护国家主权、安全和发展利益。

首先,网络信息技术已经成为当下世界发展的重要趋势,并引发了一系列的产业革命，是推动社会变革和经济发展的重要力量。所以，本条明确规定，国家支持开发利用数据提升公共服务的智能化水平。近年来，基于人工智能、大数据等信息技术的作用越来越凸显，而国家对数据开发的立场一贯明确，鼓励并支持数据开发和建设。譬如，《数据安全法》第 14 条第 1 款规定："国家实施大数据战略，推进数据基础设施建设，鼓励和支持数据在各行业、各领域的创新应用。"又如，为贯彻落实《国务院关于印发促进大数据发展行动纲要的通知》（国发〔2015〕50 号），国家发展改革委办公厅通过《关于组织实施促进大数据发展重大工程的通知》（发改办高技〔2016〕42 号），强化数据资源在各领域的开发和应用。

与此同时，网络信息技术也带来诸多新形势、新要求。一方面，计算机和互联网技术的飞速发展，目前社会也进入信息化时代，并深刻影响到人们的日常生活，密不可分。另一方面，网络数据的开发涉及诸多不特定主体的利益，已然具有一种公共服务的性质，关乎社会公共利益，从而也要求数据开发遵循维护社会公共利益，提升公共服务的原则。大数据的开发、利用是一种信息技术运用的过程，改变传统服务方式，能够显著提升诸多领域作业的智能化水平。但是，智能化水平的提高对使用者提出了更高要求。譬如，老年人和年轻人接近、使用新信息技术的机会与能力的差异造成老年数字鸿沟，具体体现在接入沟、使用沟和知识沟三个方面，这既是老年群体接近或使用信息基础设施机会不足和数字素养水平较低的结果，也是社会转型的结构张力导致的结果。①

就我国人口结构而言，根据国家统计局第七次人口普查数据，我国 60 岁及以上人口为 26402 万人，占 18.70%（其中，65 岁及以上人口为 19064 万人，占 13.50%）。与 2010 年相比，60 岁及以上人口的比重上升 5.44 个百分点。由此可见，这意味着我国人口老龄化加速到来。老年人在信息化革命时代中，不可避免处于难以适应的状态，容易被隔离在互联网

① 参见黄晨熹：《老年数字鸿沟的现状、挑战及对策》，载《人民论坛》2020 年第 29 期。

技术之外。因此，数据的开发利用，需要关注老年人等特殊困难群体，让这些群体也能享受到互联网技术带来的成果。个人、政府、社会、市场应当共同推动，构筑年龄友好信息基础设施和治理结构，发展以人为本的数字包容，实现老年和科技的共生发展。①

国务院办公厅印发《关于切实解决老年人运用智能技术困难实施方案的通知》（国办发〔2020〕45 号）中明确指出，随着我国互联网、大数据、人工智能等信息技术快速发展，智能化服务得到广泛应用，深刻改变了生产生活方式，提高了社会治理和服务效能。但同时，我国老龄人口数量快速增长，不少老年人不会上网、不会使用智能手机，在出行、就医、消费等日常生活中遇到不便，无法充分享受智能化服务带来的便利，老年人面临的“数字鸿沟”问题日益凸显。为此，该方案提出八项重点任务：做好突发事件应急响应状态下对老年人的服务保障、便利老年人日常交通出行、便利老年人日常就医、便利老年人日常消费、便利老年人文体活动、便利老年人办事服务、便利老年人使用智能化产品和服务应用。因此，在数据的开发利用中，应当充分考虑老年人、残疾人等特殊困难群体的需求，增强其获得感、幸福感、安全感。

本条规定提供智能化公共服务应当考虑的主体不限于老年人，还包括残疾人。大数据的开发服务兼顾残疾人，能够改善残疾人公共服务体系，从而有利于完善残疾人事业发展的基础保障。背后法理均是共通的，即数据开发利用兼顾对特殊困难群体的考量。另外，本条规定的是“应当充分考虑老年人、残疾人的需求，避免对老年人、残疾人的日常生活造成障碍”，即属于倡导性规范，鼓励数据开发者在开发过程中，考虑这些群体的需求。这种规定方式体现出，公私融合的数据治理之关键在于通过法治化规制填平数据关系中科技优势方与弱势方的鸿沟，使之处于相对平等地位后再加强私法之治与实现市场作用。②

---

① 参见黄晨熹：《老年数字鸿沟的现状、挑战及对策》，载《人民论坛》2020 年第 29 期。

② 参见黄尹旭：《论国家与公共数据的法律关系》，载《北京航空航天大学学报（社会科学版）》2021 年第 3 期。

【关联规定】

《中华人民共和国残疾人保障法》第 3～4 条、第 41 条、第 52 条，《中华人民共和国老年人权益保障法》第 3～4 条、第 66 条

（撰稿人：李游、赵精武）

第十六条　【数据技术研究和产品、产业体系培育】 国家支持数据开发利用和数据安全技术研究，鼓励数据开发利用和数据安全等领域的技术推广和商业创新，培育、发展数据开发利用和数据安全产品、产业体系。

【释义】

本条在《数据安全法（一审稿）》中表述为："国家加强数据开发利用技术基础研究，支持数据开发利用和数据安全等领域的技术推广和商业创新，培育、发展数据开发利用和数据安全产品和产业体系。"《数据安全法（二审稿）》调整为："国家支持数据开发利用和数据安全技术研究，鼓励数据开发利用和数据安全等领域的技术推广和商业创新，培育、发展数据开发利用和数据安全产品和产业体系。"《数据安全法（二审稿）》进行了部分表述的调整，并将数据安全技术纳入支持研究的范围。最终通过的《数据安全法》只把"产品和产业体系"改为"产品、产业体系"，没有实质调整。

加强数据开发利用和数据安全技术方面的研究，是国家深入实施大数据战略和充分发挥数据对经济社会发展积极作用的重要前提和基本保障。本条款的规范性质为倡导性规范，在大数据时代，爆炸性的数据信息给传统的计算技术和信息技术带来了巨大的技术挑战。比如，大数据一般来自

不同的社会主体，以动态数据流的形式产生，人们在方便获取数据的同时，也会使得虚假数据、无效数据等噪声数据的生产成本降低。面对大数据中包含的众多不同形态的噪声数据，如何通过数据处理技术的革新来挖掘有价值的信息是一项巨大的技术挑战。同时，随着数字经济的发展，数据处理场景显著增多，数据处理量级明显提高，传统的网络安全技术已无法满足当前数据量巨大、数据更新速度极快的场景。数据安全技术作为新兴技术领域，发展时间尚短，部分技术手段与解决方案正处在研究发展阶段，缺乏应用实践，无法有效保障数据安全。例如，数字血缘追踪技术、数据字段打标签技术等目前尚不成熟，对业务运营的影响有待进一步研究。[①] 此外，世界各国都极为重视数据开发利用和数据安全技术方面的研究。2016 年 1 月 5 日，国家自然科学基金重大研究计划“大数据驱动的管理与决策研究”项目启动，计划总资金 1.6 亿元人民币，围绕管理与决策范式转型机理与理论、大数据资源协同管理与治理机制设计和领域导向的大数据价值发现理论与方法三个关键科学问题展开深入研究。[②] 从当前形势来看，加强数据开发利用和数据安全领域的技术研究，仍十分必要。数据科学理论体系、大数据计算系统与分析、大数据应用模型等领域的基础研究，大数据采集、传输、存储、管理、处理、分析、应用、可视化和安全等关键技术的研发，深度学习、类脑计算、认知计算、区块链、虚拟现实等前沿技术创新，新型计算、存储、传感、通信等芯片及融合架构、内存计算、亿级并发、EB 级存储、绿色计算等硬件技术研究，都需要进一步加强。《数据安全法》第 15 条明确了国家支持数据开发利用和数据安全技术研究，将国家政策上升为成文立法，为进一步深入开展数据开发利用和数据安全技术领域的研究提供了重要保障。

数据开发利用和数据安全等领域的技术推广和商业创新是推动实施国家大数据战略、保障数据安全与发展的关键。加强数据安全与数据发

---

① 姜宇泽、陈诗洋：《数据安全技术发展现状及挑战解析》，载《通信世界》2021 年第 8 期。

② 华政：《中国启动大数据领域重大研究计划 欲跻身国际前列》，载新华网 2016 年 1 月 5 日，http：//www. xinhuanet. com//politics/2016 -01/05/c_ 128597936. htm，2021 年 6 月 15 日访问。

展领域的技术推广和商业创新，需要培育数据服务新模式和新业态，提升大数据服务能力，降低大数据应用门槛和成本；需要进一步围绕数据全生命周期各阶段需求，发展数据采集、清洗、分析、交易、安全防护等技术服务；需要推进大数据与云计算服务模式融合，促进海量数据、大规模分布式计算和智能数据分析等公共云计算服务发展，提升第三方大数据技术服务能力；需要推动大数据技术服务与行业深度结合，培育面向垂直领域的大数据服务模式。随着大数据发展的日益深入，以大数据为基础的商业模式创新逐渐成为企业发展的新方向。互联网驱动用户思维、数据驱动用户定制成为信息化时代的本质特征，商业创新呈现出在线化、网络化和智能化三大趋势，在线化从 PC 互联、移动互联发展到万物互联；网络化从信息集成化、信息平台化发展到信息共享化；智能化则从精准营销、精准定位发展到精准预测。[①] 同时，数据安全是数据开发利用的基本保障。云平台虚拟机安全技术、虚拟化网络安全技术、云安全审计技术、云平台安全统一管理技术等大数据安全保障技术的推广和进一步商业创新，对于数据产业发展同样具有至关重要的意义。数据开发利用和数据安全等领域的技术推广和商业创新，离不开各有关企业、行业组织等主体的参与，需要法律提供制度激励。所谓法律的激励功能，就是通过法律激发个体合法行为的发生，使个体受到鼓励作出法律所要求和期望的行为，最终实现法律所设定的整个社会关系的模式系统的要求，取得预期的法律效果，形成理想的法律秩序。法律治理的最高境界是实现非强制性的法律激励。[②]《数据安全法》第 15 条明确规定了国家鼓励数据开发利用和数据安全等领域的技术推广和商业创新，为各行业、各领域、各有关主体加强数据开发利用和数据安全等领域的技术推广和商业创新提供了法律激励。

国家注重培育、发展数据开发利用和数据安全产品和产业体系。培

① 向永胜等：《信息化时代下的商业创新：趋势与路径》，载《商业经济研究》2020 年第 3 期。
② 丰霏：《法律治理中的激励模式》，载《法制与社会发展》2012 年第 2 期。

育、发展一个安全可控、布局合理、可持续发展的产业体系和产品体系，对于数据开发利用和数据安全保障具有至关重要的关键意义，也是我国数据开发利用和数据安全保障产业做大做强的基本前提和重要标志。培育、发展数据开发利用和数据安全产品体系和产业体系，需要研发新一代商业智能、数据挖掘、数据可视化、语义搜索等软件产品；需要结合数据生命周期管理需求，培育大数据采集与集成、大数据分析与挖掘、大数据交互感知、基于语义理解的数据资源管理等平台产品；需要面向重点行业应用需求，研发具有行业特征的大数据检索、分析、展示等技术产品，形成垂直领域成熟的大数据解决方案及服务；需要支持相关企业、科研院所开展大数据全生命周期安全研究，研发数据来源可信、多源融合安全数据分析等新型安全技术，推动数据安全态势感知、安全事件预警预测等新型安全产品研发和应用；需要进一步引导相关企业建设自主品牌，提升品牌竞争力。同时，培育、发展数据开发利用和数据安全产品体系和产业体系是一项系统工程，需要完善大数据产业支撑体系，统筹布局大数据基础设施，建设大数据产业发展创新服务平台，建立大数据统计及发展评估体系，创造良好的产业发展环境。《数据安全法》第15条明确了国家注重培育、发展数据开发利用和数据安全产品和产业体系，为我国数据开发利用和数据安全产品体系和产业体系建设，提供了基本的法律遵循。

【关联规定】

《中华人民共和国国家安全法》第25条；《中华人民共和国网络安全法》第3条、第18条

（撰稿人：韩富鹏）

第十七条　【数据标准体系建设】国家推进数据开发利用技术和数据安全标准体系建设。国务院标准化行政主管部门和国务院有关部门根据各自的职责，组织制定并适时修订有关数

据开发利用技术、产品和数据安全相关标准。国家支持企业、社会团体和教育、科研机构等参与标准制定。

【释义】

本条在《数据安全法（一审稿）》中表述为："国家推进数据开发利用技术和数据安全标准体系建设。国务院标准化行政主管部门和国务院有关部门根据各自的职责，组织制定并适时修订有关数据开发利用技术、产品和数据安全相关标准。国家支持企业、研究机构、高等学校、相关行业组织等参与标准制定。"《数据安全法（二审稿）》改为："国家推进数据开发利用技术和数据安全标准体系建设。国务院标准化行政主管部门和国务院有关部门根据各自的职责，组织制定并适时修订有关数据开发利用技术、产品和数据安全相关标准。国家支持企业、社会团体和教育、科研机构等参与标准制定。"《数据安全法（二审稿）》对参与标准制定的主体进行了细微调整，并无实质变化。最终通过的《数据安全法》与《数据安全法（二审稿）》完全一致。

国家推进数据开发利用技术和数据安全标准体系建设。统一完善的标准对数据开发利用和数据安全保障的市场培育、服务能力提升和行业管理的支撑，都具有重要意义。云计算、大数据、物联网、人工智能等技术的迅速发展，为人类社会发展带来了巨大的机遇和挑战。世界主要标准化组织均加快在数据开发利用技术和数据安全方面的标准体系建设。国际标准化组织/国际电工委员会第一联合技术委员会（Joint Technical Committee, Information Technology, of International Organization for Standardization andInternational Electrotechnical Commission, ISO/IECJTC 1）在 2014 年成立大数据工作组（ISO/IEC JTC1/WG 9, WG 9），编制大数据相关标准；ISO/IEC JTC 1 于 2017 年 10 月决定成立人工智能分技术委员会（ISO/IEC JTC 1/SC 42, SC 42），进行大数据领域标准研究编制。

我国也加快了数据开发利用和数据安全领域的标准体系建设工作。

2020年12月17日，工业和信息化部印发《电信和互联网行业数据安全标准体系建设指南》，指南强调，在基础共性标准、关键技术标准、安全管理标准的基础上，结合新一代信息通信技术发展情况，主要在5G、移动互联网、车联网、物联网、工业互联网、云计算、大数据、人工智能、区块链等重点领域进行布局，结合重点领域自身发展情况和数据安全保护需求，制定相关数据安全标准。[①] 2021年4月6日，国家标准化管理委员会印发了《2021年全国标准化工作要点》，其中第12条明确要求："完善新一代信息技术体系建设，推进物联网、人工智能、大数据、区块链、IPv6等领域标准研制。启动新型基础设施标准化专项行动，促进传统基础设施转型升级。推进新型基础设施领域标准研制，强化信息基础技术领域标准修订，推动网络产品和服务安全、关键信息基础设施安全保护、数据安全、个人信息保护、工业互联网、智能汽车数据采集等重点领域国家标准制定。"[②] 目前，《GB/T 38672－2020 信息技术 大数据 接口基本要求》《GB/T 38667－2020 信息技术 大数据 数据分类指南》《GB/T 38673－2020 信息技术 大数据 大数据系统基本要求》《GB/T 38676－2020 信息技术 大数据 存储与处理系统功能测试要求》《GB/T 38643－2020 信息技术 大数据 分析系统功能测试要求》等多项数据开发利用和数据安全保障领域的国家标准正式获批发布，我国数据领域标准体系建设取得了重大成就。推进数据开发利用技术和数据安全标准体系建设，需要进一步结合大数据产业发展需求，建立并不断完善涵盖基础、数据、技术、平台、工具、管理、安全和应用的数据标准体系。《数据安全法》第16条在立法层面对数据开发利用技术和数据安全标准体系建设提出了明确要求。

国务院标准化行政主管部门和国务院有关部门根据各自的职责，组织

---

① 《电信和互联网行业数据安全标准体系建设指南》，载工业和信息化部官网2020年12月17日，https：//www.miit.gov.cn/jgsj/kjs/jscx/bzgf/art/2020/art_05443293fbb3406bb70be70f660faddf.html，2021年6月15日访问。

② 《2021年全国标准化工作要点》（国标委发〔2021〕7号），载国家标准化管理委员会官网2021年4月6日，http：//www.sac.gov.cn/sxxgk/zcwj/202106/t20210602_347314.html，2021年6月15日访问。

制定并适时修订有关数据开发利用技术、产品和数据安全相关标准。目前，我国国家标准化行政主管部门为中华人民共和国国家标准化管理委员会。国家标准化行政主管部门是国务院授权履行行政管理职能、统一管理全国标准化工作的主管机构。2018 年 3 月，根据第十三届全国人民代表大会第一次会议批准的《国务院机构改革方案》，将中华人民共和国国家标准化管理委员会职责划入国家市场监督管理总局，对外保留牌子。[①] 国家标准化管理委员会以及工业和信息化部、科技部等国务院相关部门组织负有组织数据开发利用技术、产品和数据安全相关标准的制定和修订工作的职责。此外，我国还成立了全国信息技术标准化技术委员会，在国家标准化委员会和工业和信息化部的共同领导下，从事全国信息技术领域标准化工作的技术组织，对口 ISO/IEC JTC 1（除 ISO/IEC JTC 1/SC 27），全国信息技术标准化技术委员会的工作范围是信息技术领域的标准化，涉及信息采集、表示、处理、传输、交换、描述、管理、组织、存储、检索及其技术，系统与产品的设计、研制、管理、测试及相关工具的开发等标准化工作。[②] 2014 年 12 月 2 日，全国信息技术标准化技术委员会成立了大数据标准工作组，专门从事数据领域标准化工作。[③]

数据开发利用技术、产品和数据安全相关标准的制定和修订工作，应遵守《标准化法》的相关要求。《标准化法》第 15 条规定："制定强制性标准、推荐性标准，应当在立项时对有关行政主管部门、企业、社会团体、消费者和教育、科研机构等方面的实际需求进行调查，对制定标准的必要性、可行性进行论证评估；在制定过程中，应当按照便捷有效的原则采取多种方式征求意见，组织对标准相关事项进行调查分析、实验、论证，并做到有关标准之间的协调配套。"第 16 条规定："制定推荐性标准，应当组织由相关

---

① 《国务院机构改革方案》，载中国政府网 2018 年 3 月 17 日，http：//www. gov. cn/xinwen/2018-03/17/content_ 5275116. htm，2021 年 6 月 16 日访问。

② 《全国信息技术标准化技术委员会》，载中国电子技术标准化研究院网 2017 年 3 月 17 日，http：//www. cesi. cn/201703/2264. html，2021 年 6 月 16 日访问。

③ 徐恒：《全国信标委大数据标准工作组成立》，载电子信息产业网 2014 年 12 月 5 日，http：//www. cena. com. cn/ia/20141205/59701. html，2021 年 6 月 16 日访问。

方组成的标准化技术委员会，承担标准的起草、技术审查工作。制定强制性标准，可以委托相关标准化技术委员会承担标准的起草、技术审查工作。未组成标准化技术委员会的，应当成立专家组承担相关标准的起草、技术审查工作。标准化技术委员会和专家组的组成应当具有广泛代表性。”第22条规定：“制定标准应当有利于科学合理利用资源，推广科学技术成果，增强产品的安全性、通用性、可替换性，提高经济效益、社会效益、生态效益，做到技术上先进、经济上合理。禁止利用标准实施妨碍商品、服务自由流通等排除、限制市场竞争的行为。”第24条规定：“标准应当按照编号规则进行编号。标准的编号规则由国务院标准化行政主管部门制定并公布。”这些规范，为数据领域标准的制定、修订工作提出了具体的要求。

国家支持企业、研究机构、高等学校、相关行业组织等参与标准制定。一方面，国家强制性标准、推荐性标准的制定，需要企业、研究机构、高等学校、相关行业组织的广泛参与。《标准化法》第15条明确规定：“制定强制性标准、推荐性标准，应当在立项时对有关行政主管部门、企业、社会团体、消费者和教育、科研机构等方面的实际需求进行调查，对制定标准的必要性、可行性进行论证评估；在制定过程中，应当按照便捷有效的原则采取多种方式征求意见，组织对标准相关事项进行调查分析、实验、论证，并做到有关标准之间的协调配套。”我国数据开发利用和数据安全保障领域的国家标准制定、修订，离不开企业、研究机构、高等学校、相关行业组织的参与。比如，便由华为技术有限公司、中国电子技术标准化研究院、中国人民大学、阿里云计算有限公司等14家单位参与研制。① 另一方面，国家鼓励支持行业组织、企业在数据领域制定团体标准、企业标准。《标准化法》第18条第1款规定：“国家鼓励学会、协会、商会、联合会、产业技术联盟等社会团体协调相关市场主体共同制定满足市场和创新需要的团体标准，由本团体成员约定采用或者按照本团体的规定供社会自愿采用。”第

---

① 《GB/T 38633－2020 信息技术 大数据 系统运维和管理功能要求》，载全国标准信息公共服务平台，http：//std. samr. gov. cn/gb/search/gbDetailed？ id ＝ A47A713B7633 14ABE05397BE0A0ABB25，2021年6月17日访问。

19 条规定："企业可以根据需要自行制定企业标准，或者与其他企业联合制定企业标准。"第 20 条规定："国家支持在重要行业、战略性新兴产业、关键共性技术等领域利用自主创新技术制定团体标准、企业标准。"在数据开发利用和数据安全保障这一新兴领域，国家应该进一步鼓励、支持团体标准、企业标准的制定，但团体标准、企业标准的技术要求不得低于强制性国家标准的相关技术要求。

推进数据开发利用技术和数据安全标准体系建设，还应加强我国大数据标准化组织与相关国际组织的交流合作。组织我国产学研用资源，加快国际标准提案的推进工作。支持相关单位参与国际标准化工作并承担相关职务，承办国际标准化活动，扩大国际影响。《标准化法》第 8 条规定："国家积极推动参与国际标准化活动，开展标准化对外合作与交流，参与制定国际标准，结合国情采用国际标准，推进中国标准与国外标准之间的转化运用。国家鼓励企业、社会团体和教育、科研机构等参与国际标准化活动。"我国专家积极参与数据开发利用技术和数据安全保障领域的国际标准体系建设工作。比如，我国专家积极参与 SC 27 大数据安全标准化相关工作（ISO/IEC JTC 1/SC 27 是 ISO/IEC JTC 1 下属信息安全分技术委员会，该委员会成立于 1990 年，工作范围涵盖信息和信息通信技术保护的标准制修订），目前 SC27 与数据安全直接相关的标准化工作有 4 项，分别是：ISO/IEC 20547 -4《信息技术 大数据参考架构 第4 部分：安全与隐私保护》、ISO/IEC 27045《大数据安全与隐私保护过程》以及 2 项研究项目《大数据安全实施指南》和《数据安全》，均由我国专家主导。①

【关联规定】

《中华人民共和国标准化法》第 15 ~16 条、第 18 ~22 条、第 24 条

（撰稿人：韩富鹏）

---

① 刘贤刚等：《数据安全国际标准研究》，载《信息安全与通信保密》2018 年第 12 期。

第十八条　【数据安全检测认证与协同保障】国家促进数据安全检测评估、认证等服务的发展，支持数据安全检测评估、认证等专业机构依法开展服务活动。

国家支持有关部门、行业组织、企业、教育和科研机构、有关专业机构等在数据安全风险评估、防范、处置等方面开展协作。

【释义】

本条与《数据安全法（二审稿）》与《数据安全法（一审稿）》的条文相比，不存在变化。最终正式通过的《数据安全法》，增加了第2款："国家支持有关部门、行业组织、企业、教育和科研机构、有关专业机构等在数据安全风险评估、防范、处置等方面开展协作。"

国家促进数据安全检测评估、认证等服务的发展，数据安全检测评估、认证等服务对于数据安全保障具有至关重要的意义。通过对数据安全检测评估和认证，可以对数据安全服务提供商的基本资格、管理能力、技术能力和服务过程能力等方面进行权威、客观、公正的评价，证明其服务能力，满足社会对服务的选择需求。同时，检测评估和认证过程也将有效促进服务提供方完善自身管理体系，提高服务质量和水平，引导行业健康规范发展。国际上，对于数据安全的评估和相关认证体系日渐成熟，欧盟委员会开展数据跨境流动安全评估，成为评判数据能否转移的重要依据。① 新形势下，国家有必要进一步支持促进数据安全检测评估、认证等服务的发展。《数据安全法》第18条为数据安全检测评估、认证工作发展提供了法律激励。

就网络关键设备和网络安全专用产品，我国实行强制检测认证制度。

① 刘多：《大数据时代数据安全保障的举措分析》，载青海新闻网2020年9月8日，http：//www. qhnews. com/2020zt/system/2020/09/08/013242883. shtml，2021年6月20日访问。

《网络安全法》第23条规定：“网络关键设备和网络安全专用产品应当按照相关国家标准的强制性要求，由具备资格的机构安全认证合格或者安全检测符合要求后，方可销售或者提供。国家网信部门会同国务院有关部门制定、公布网络关键设备和网络安全专用产品目录，并推动安全认证和安全检测结果互认，避免重复认证、检测。”这一规范，对网络关键设备和网络安全专用产品的认证、检测提出了强制性要求。2017年6月1日《国家互联网信息办公室、工业和信息化部、公安部、国家认监委关于发布〈网络关键设备和网络安全专用产品目录（第一批）〉的公告》（国家互联网信息办公室、工业和信息化部、公安部、国家认监委公告2017年第1号）将包括数据备份一体机、防火墙（硬件）、WEB应用防火墙（WAF）、入侵检测系统（IDS）、入侵防御系统（IPS）、安全隔离与信息交换产品（网闸）、反垃圾邮件产品、网络综合审计系统、网络脆弱性扫描产品 、安全数据库系统、网站恢复产品（硬件）等产品，纳入了强制检测认证目录。[①] 在数据安全领域，也应进一步明确检测评估和认证范围，充分发挥数据安全检测评估和认证的作用。

国家支持数据安全检测评估、认证等专业机构依法开展服务活动。当前，我国数据安全检测评估、认证工作取得的长远发展，数据安全检测评估、认证等专业服务机构也得到了蓬勃发展。1998年，我国成立了中国信息安全测评中心。中心以“为信息技术安全性提供测评服务”为宗旨，[②] 依照国家法律法规和标准，在信息安全领域为国家提供技术保障，向社会提供公共服务。2006年，我国成立了中国网络安全审查技术与认证中心。该中心依据《网络安全法》《网络安全审查办法》及国家有关强制性产品认证法律法规，承担网络安全审查技术支撑和认证工作。2018年3月15

① 《国家互联网信息办公室、工业和信息化部、公安部、国家认监委关于发布〈网络关键设备和网络安全专用产品目录（第一批）〉的公告》（国家互联网信息办公室、工业和信息化部、公安部、国家认监委公告2017年第1号），载国家互联网信息办公室官网2017年6月1日，http：//www.cac.gov.cn/2017-06/09/c_1121113591.htm，2021年6月15日访问。

② 参见中国信息安全评测中心的中心简介，载中国信息安全评测中心官网2017年8月2日，http：//www.itsec.gov.cn/zxjs/zxjs/201708/t20170802_15317.html，2021年6月16日访问。

日，在《国家认监委、工业和信息化部、公安部、国家互联网信息办公室关于发布承担网络关键设备和网络安全专用产品安全认证和安全检测任务机构名录（第一批）的公告》（国家认监委、工业和信息化部、公安部、国家互联网信息办公室2018年第12号）中，共包含16家检测评估认证机构。[①] 促进数据安全检测评估、认证等服务，使其更好地服务国家大数据战略，必须进一步推动数据安全检测评估、认证等专业机构发展，依法保障其开展服务活动。《数据安全法》第18条规定为数据安全检测评估、认证等专业机构依法从事服务活动，提供了法律保障。

国家支持有关部门、行业组织、企业、教育和科研机构、有关专业机构等在数据安全风险评估、防范、处置等方面开展协作。数据风险具有不同于传统领域风险的特有属性。大数据平台的建立，使得数据具有集中化等特点，但新的技术和架构使得大数据应用的系统边界变得模糊，传统的基于边界的安全保护措施将变得不再有效，当前离散的数据安全防护和缺失的合规检测也不足以面对数据所产生的新的安全风险。现阶段，数据存在较大的安全风险：个人数据过度采集，造成重大社会安全风险；数据处理缺乏防护，存在严重技术安全隐患；隐私信息易于获取，导致地下网络犯罪高发。数据风险防范，尤其需要有关部门、行业组织、企业、教育和科研机构、有关专业机构等多主体的协作与配合。做好数据安全工作离不开各方的有效协同，应进一步加强部门间、部省间、行业间、政企间的工作协同，建立完善横向联系、纵向联动的信息共享和协同治理机制，充分发挥主管部门、地方政府、相关企业、科研机构、行业组织、各方资源和技术优势，推动形成多方协同齐抓共管的数据治理格局。

---

① 《国家认监委、工业和信息化部、公安部、国家互联网信息办公室关于发布承担网络关键设备和网络安全专用产品安全认证和安全检测任务机构名录（第一批）的公告》（国家认监委、工业和信息化部、公安部、国家互联网信息办公室2018年第12号），载中国网络安全审查技术与认证中心官网2018年3月15日，https://www.isccc.gov.cn/xwdt/zxgg/06/891302.shtml，2021年6月15日访问。

【关联规定】

《中华人民共和国网络安全法》第23条

（撰稿人：韩富鹏）

第十九条 【数据交易管理制度】国家建立健全数据交易管理制度，规范数据交易行为，培育数据交易市场。

【释义】

本条是关于建立交易管理制度的原则性规定。

数据交易是充分实现数据资源交流共享，为生产、服务、产业升级赋能，实现大众创业和万众创新的重要方式，也是激活大数据产业活力、实现大数据产业价值的重要组成部分，[①] 被誉为整个大数据产业皇冠上的“明珠”。[②] 国务院在《促进大数据发展行动纲要》中提出，引导培育大数据交易市场，开展面向应用的数据交易市场试点，探索开展大数据衍生产品交易，鼓励产业链各环节市场主体进行数据交换和交易，促进数据资源流通，建立健全数据资源交易机制和定价机制，规范交易行为。中共中央、国务院2020年发布的《关于构建更加完善的要素市场化配置体制机制的意见》再次强调，“引导培育大数据交易市场，依法合规开展数据交易”。[③] 本条旨在落实党中央、国务院的战略部署，就建立健全数据交易管理制度、规范数据交易行为、培育数据交易市场作出的原则性、宣示性的

---

① 崔学敬：《我国大数据交易存在的主要问题及其应对》，载《学习月刊》2021年第4期。

② 参见齐爱民、胡丽：《大数据交易：产业创新与政策回应——中国大数据交易合规性调查报告》，载《光明日报》2018年1月25日。

③ 《中共中央 国务院关于构建更加完善的要素市场化配置体制机制的意见》，载中国政府网2020年4月9日，http://www.gov.cn/zhengce/2020-04/09/content_5500622.htm，2021年6月1日访问。

规定。

以数据为标的，数据交易与传统商品买卖存在明显不同：一方面，基于数据的无体性、可复制性特点，数据交易难以物理方式完全交割。数据对其所负载的信息存在较大的价值依赖性，而信息却具有“一旦接触即等于占有”的特性，因此，在数据交易中如何有效地平衡交易双方利益是一个不小的难题。另一方面，数据负载的信息常与其他民事主体的身份、行为轨迹和商业秘密等密切相关，甚至关涉国家安全，如何有效规范数据流通，维护信息安全，也是数据交易中不容忽视的问题。大数据交易无论是从交易标的、交易过程、交易结果等看都不同于普通商品，也不同于证券市场产品交易。[①] 现有的产品和服务交易法律规范体系难以对其作出周延、妥当的调整。

我国目前尚未建立专门的数据交易法律规范体系。对数据采集、使用、传输和交易等行为的调整主要依赖于《全国人民代表大会常务委员会关于加强网络信息保护的决定》《网络安全法》《民法典》和《电信和互联网用户个人信息保护规定》等关于个人信息保护的规定。虽然，基于数据与信息的紧密联系以及当前大数据产业应用实践的特点，以上规定确可对数据交易起到一定的规范作用，为数据交易划定出相对明确的“红线”。但是，因产权规则、交易规则等核心制度的阙如，数据交易实际上依然面临着较大的不确定性和权利救济的真空状态。[②] 斯如学者所言，目前我国针对数据交易的立法规范未能与数据的交易实践直接相呼应，既缺乏对数据确权的基本界定，也缺乏统一适用的数据交易规则，交易各方的权利义务关系不甚明晰，这就导致数据交易实践隐藏着不确定的法律风险。[③]

实践中，随着数字经济的兴起和大数据产业应用的发展，在日益强烈

---

① 张敏：《大数据交易的双重监管》，载《法学杂志》2019 年第 2 期。

② 孙洪良、张哲畅：《大数据交易中法律风险控制研究》，载《现代法治研究》2019 年第 3 期。

③ 高完成：《数据确权与交易规则研究》，载《西安交通大学学报（社会科学版）》2018 年第 3 期。

的市场召唤下，不少地区已就数据交易展开积极的探索。《贵州省大数据发展应用促进条例》《贵阳大数据交易所702公约》《中关村数海大数据交易平台规则（征求意见稿）》《上海数据交易中心数据互联规则》等地方性法规和数据交易中心的自律性规范对数据交易的模式和规则的构建作出积极的尝试。但是，一方面，各地交易市场缺乏统一的交易规则、交易标准和交易监管，没有一套完善的安全交易规则；[①] 另一方面，就各数据交易中心成立以来的实际交易情况来看，其已构建的交易规则能否有效地适应数据交易的实践需要并推动交易高效、有序地开展，仍不无疑问。

作为宣示性规定，本条虽主要旨在对建立健全数据交易管理制度和培育数据交易市场作出原则性的指引，但其并非没有实践价值。首先，其明确提出"培育数据交易市场"的目标，较为明确地反映出对数据财产属性的肯定。交易是客体财产属性最直接和集中的体现。本条以"规范数据交易行为"和"培育数据交易市场"为主旨，结合本法第7条关于"保障数据依法有序自由流动"的规定，《数据安全法》对数据交易和数据法律属性的定位不言而喻。其次，数据交易管理制度是数据交易市场的基本内容，更是培育数据交易市场的基本法律手段。以多数平台的线上交易来看，目前，我国数据交易并没有呈现出预期的活跃性。与媒体报道中日趋猖獗的数据"黑市"交易相比，规范化的数据交易市场吸引力的不足则更加明显。[②] 究其原因，完备的数据交易管理制度的缺位无疑占据着较大的分量，严重地影响了数据持有主体和需求主体的市场预期，抑制了其参与数据交易的积极性。由此来看，本条规定明确提出"建立健全数据交易管理制度"，较为准确地切中当前数据交易市场发展的痛点，为未来数据交易相关立法指明了方向。

作为数据交易行为的必要限制，现有法律法规中关于保护个人信息、著作权、商业秘密、国家安全等的相关规定固然是数据交易管理制度中不

① 鲁浪浪：《大数据交易的规则体系构建研究》，载《中小企业管理与科技》2017年第12期。
② 雷震文：《以平台为中心的大数据交易监管制度构想》，载《现代管理科学》2018年第9期。

可或缺的内容。就既有的法律体系而论，以上规定实际构成“规范数据交易行为”的基本规范依据。而以推动数据交易更加有序、高效进行，培育数据市场的角度来看，数据本身法律属性的明确、数据产权体系的构建、数据权属规则的明确、数据交易形式的确立、数据交易各方权利和义务的分配等皆数据交易管理制度构建中亟待明确的问题。同时，鉴于数据交易涉及利益的多元和复杂性，监管规则和监管体系的构建亦十分必要。对此，有学者指出，大数据交易应以交易安全为终极价值目标，以交易安全和数据自由流通为原则，应通过行政法规确立自律监管与行政监管并行的监管模式，由政府部门和大数据交易平台分别承担监管职责，并按照政府部门整体监管、大数据交易平台具体监管的原则各自监管。[①] 在今后的数据立法和监管实践中，立法机关和行政主管部门应结合既有交易实践和数据交易的实际需求，就如上问题作出认真的研究，以积极、充分地回应数字经济发展的现实需求。

【关联规定】

《中华人民共和国民法典》第 127 条

（撰稿人：雷震文）

第二十条　【数据人才培养】国家支持教育、科研机构和企业等开展数据开发利用技术和数据安全相关教育和培训，采取多种方式培养数据开发利用技术和数据安全专业人才，促进人才交流。

① 张敏：《交易安全视域下我国大数据交易的法律监管》，载《情报杂志》2017 年第 2 期。

【释义】

本条在《数据安全法（一审稿）》中表述为："国家支持高等学校、中等职业学校和企业等开展数据开发利用技术和数据安全相关教育和培训，采取多种方式培养数据开发利用技术和数据安全专业人才，促进人才交流。"在《数据安全法（二审稿）》中更改为："国家支持高等学校、中等职业学校、科研机构和企业等开展数据开发利用技术和数据安全相关教育和培训，采取多种方式培养数据开发利用技术和数据安全专业人才，促进人才交流。"即在主体方面增加了"科研机构"，更为全面。正式通过的《数据安全法》将"高等学校、中等职业学校"改为"教育机构"，更为全面简洁。

当今世界的综合国力的竞争，说到底是人才的竞争，人才越来越成为推动经济社会发展的战略性资源，数据开发利用和数据安全保障领域更是如此。大数据时代对数据采集、存储、处理、传输和应用提出了前所未有的新要求，亟须大量数据开发利用与数据安全保障方面的专门人才。我国数据开发利用和数据安全保障相关领域的人才培养取得了重大成绩，但人才缺口仍然很大。2019 年 8 月，猎聘发布 2019 年中国 AI& 大数据人才就业趋势报告，报告指出 AI& 大数据人才在全球呈爆发式发展，而在全球范围内却呈现严重人才荒。中国人工智能人才缺口超过 500 万，大数据人才缺口高达 150 万；[①] 数据开发利用和数据安全保障相关领域的人才竞争已经成为各国人才竞争的关键领域，成为一国人才竞争力的重要体现。因此，加强数据开发利用技术和数据安全专业人才培养，对于实施国家大数据战略、推动数据安全与发展，具有至关重要的意义。

国家支持教育、科研机构和企业等开展数据开发利用技术和数据安全相关教育和培训，采取多种方式培养数据开发利用技术和数据安全专业人

---

① 《猎聘 2019 年中国 AI& 大数据人才就业趋势报告》，载数据观网 2019 年 8 月 30 日，http：//www. cbdio. com/image/site2/20190902/f42853157e261ed6c9e638. pdf，2021 年 6 月 15 日访问。

才，促进人才交流。数据开发利用技术和数据安全专业人才培养应进一步建立完善适应大数据发展需求的人才培养和评价机制；加强数据领域专业人才培养，整合高校、企业、社会资源，推动建立创新人才培养模式，建立健全多层次、多类型的数据领域人才培养体系；鼓励高校探索建立培养数据领域专业型人才和跨界复合型人才机制；支持高校与企业联合建立实习培训机制，加强数据领域人才职业实践技能培养；鼓励企业开展在职人员数据技能培训，积极培育数据领域技术和应用创新型人才；依托社会化教育资源，开展大数据知识普及和教育培训，提高社会整体认知和应用水平；鼓励行业组织探索建立数据领域人才能力评价体系；完善配套措施，培养数据领域创新型领军人才，吸引海外数据领域高层次人才来华就业、创业。

目前，我国数据开发利用技术和数据安全专业人才培养体系逐步形成。2016 年，教育部新增普通高等学校本科专业“数据科学与大数据技术”，北京大学、对外经济贸易大学、中南大学作为首批开设该专业的高校，目前已经有 500 余所高校开设此专业。与此同时，2016 年教育部增补了高等职业教育专业目录，增设了“大数据技术与应用”专业，同年 62 所高职院校开设了该专业，据统计，截至 2020 年 7 月，全国有 602 所高职院校已经开办、正在开办或即将开办大数据技术与应用专业。① 2017 年 9 月，中央网信办、教育部公布了“一流网络安全学院建设示范项目高校”名单，西安电子科技大学、东南大学、武汉大学、北京航空航天大学、四川大学、中国科学技术大学、战略支援部队信息工程大学 7 所高校入围首批一流网络安全学院建设示范项目。② 2019 年，华中科技大学、北京邮电大学、上海交通大学、山东大学入选该项目第二批建设高校。③ 2018 年，

① 高永梅、李新辉：《新工科背景下我国高职院校大数据技术与应用专业人才培养研究》，载《实验技术管理》2021 年第 4 期。

② 钱中兵：《首批一流网络安全学院建设示范项目高校名单公布》，载新华网 2017 年 9 月 16 日，http：//www.xinhuanet.com//2017－09/16/c_ 1121675194.htm，2021 年 6 月 15 日访问。

③ 彭瑶：《一流网络安全学院建设示范项目高校增至 11 所》，载国家互联网信息办公室官网 2019 年 9 月 17 日，http：//www.cac.gov.cn/2019－09/17/c_ 1570248597023002.htm，2021 年 6 月 15 日访问。

全国高校人工智能与大数据创新联盟成立，由从事人工智能、大数据、计算机、软件及相关科学技术领域的科研、教育、开发、生产、管理、应用和服务的高校、企事业单位、社会团体等自愿结成，清华大学、浙江大学、中国人民大学等 13 所高校担任理事单位。[①] 2019 年，教育部组织开展了《中等职业学校专业目录（2010）》修订工作，公布《〈中等职业学校专业目录〉增补规定》增补 46 个新专业，其中就包含“物联网技术应用”“网络信息安全”“移动应用技术与服务”等专业。此外，数据技能培训行业方兴未艾，企业在职人员数据技能培训得到越来越多的重视，社会力量在数据领域人才培养方面同样作出了突出贡献。可以说，我国数据开发利用技术和数据安全相关教育和培训稳步推进，数据开发利用技术和数据安全专业人才培养体系逐步形成。《数据安全法》第 20 条为数据领域教育培训和人才培养，提供了进一步的法律保障和制度支持。

【关联规定】

《中华人民共和国国家安全法》第 74 条，《中华人民共和国网络安全法》第 20 条，《中华人民共和国教育法》第 47 条、第 53 条、第 67 条

（撰稿人：韩富鹏）

① 《全国高校人工智能与大数据创新联盟在京成立》，载人民网 2018 年 6 月 4 日，http：//capital. people. com. cn/n1/2018/0604/c406103 - 30034532. html，2021 年 6 月 15 日访问。

第三章　数据安全制度

第二十一条　【数据分类分级保护制度】 国家建立数据分类分级保护制度，根据数据在经济社会发展中的重要程度，以及一旦遭到篡改、破坏、泄露或者非法获取、非法利用，对国家安全、公共利益或者个人、组织合法权益造成的危害程度，对数据实行分类分级保护。国家数据安全工作协调机制统筹协调有关部门制定重要数据目录，加强对重要数据的保护。

关系国家安全、国民经济命脉、重要民生、重大公共利益等数据属于国家核心数据，实行更加严格的管理制度。

各地区、各部门应当按照数据分类分级保护制度，确定本地区、本部门以及相关行业、领域的重要数据具体目录，对列入目录的数据进行重点保护。

【释义】

本条规范的对象是我国在国家、地区和行业层面的数据分类分级保护制度，具体包括中央和地方两个层面的数据分类分级制度建设。在中央层面建立数据分类分级保护制度，统筹和加强重要数据和核心数据的保护，在各地区、各部门建立重要数据具体目录，重点保护列入目录的重要数据。

数据分类分级管理制度是《数据安全法》确立的我国数据安全保护的

重要制度之一，延续《数据安全法》第 5 条和第 6 条所确立的数据安全中央事权和条、块职责划分，数据分类分级保护制度也区分了中央事权和地方、部门事权。中央层面，本条规定国家应当建立数据的分类分级保护制度。数据分类的依据主要包括两个方面，一是数据在经济社会发展中的重要程度，二是数据一旦遭到篡改、破坏、泄露或者非法获取、非法利用，对国家安全、公共利益或者个人、组织合法权益造成的危害程度。为了贯彻实施数据分类分级保护，《数据安全法》还规定了重要数据目录制度和核心数据严格管理制度。重要数据和核心的管理保护均属于中央事权，各地区、各部门负责具体实施。具体来讲，中央层面的国家数据安全工作协调机制主要负责统筹协调职责，各地区、各部门承担确定本地区、本部门的重要数据目录的职责。最终实现由中央国家安全机构通过国家数据安全工作协调机协调有关地区、部门制定重要数据目录工作，确保推动重要数据统一认定标准的建立。

核心数据是指关系国家安全、国民经济命脉、重要民生、重大公共利益等的数据，核心数据要求实施更加严格的管理制度。理论上，核心数据必然是重要数据，理应纳入重要数据目录的管理范围，同时，核心数据还需要受到更加严格的保护和管理。核心数据的管理形式也可以参照重要数据目录的“中央统筹协调 + 地方和部门具体实施”的数据安全工作协调机制，推进统一的核心数据认定标准的制定。

从数据处理者的合规义务来看，数据分类分级保护制度将转化为数据处理者的数据安全保护义务的特殊义务内容，通过数据处理者履行数据安全保护的特殊义务而实现数据的分类分级管理。《数据安全法》第四章“数据安全保护义务”中多个条款体现数据分类分级管理制度的要求，主要包括网络数据保护应当在网络安全等级保护制度基础之上，履行数据安全保护义务（第 27 条第 1 款）；重要数据处理者设置数据安全负责人和管理机构的义务（第 27 条第 2 款）；重要数据处理者定期开展风险评估，并向主管部门报送风险评估报告的义务（第 30 条）；以及重要数据出境需遵守《网络安全法》和重要数据出境安全管理办法的规定的义务（第 31

条）。数据安全保护的一般义务和重要数据安全保护的特殊义务相结合，形成了覆盖一般数据活动从业者和关键基础设施经营者的数据安全保护义务的整体。

从国家数据分类分级管理制度的后续实施来看，目前我国还未出台数据分类分级的统一标准，未来仍需要专门的细则来明确数据分类分级的标准。但实践中，具体领域内的数据分类分级进入快车道，如2018年9月证监会发布的《证券期货业数据分类分级指引》。2019年8月《信息安全技术 数据安全能力成熟度模型》正式对外公布，成为国标（GB/T 37988－2019）（Data Security Maturity Model，简称DSMM），于2020年3月正式实施。2020年2月工业与信息化部出台《工业数据分类分级指南（试行））》（工信厅信发〔2020〕6号）。2020年9月23日中国人民银行发布《金融数据安全 数据安全分级指南》（JR/T0197－2020）。在《数据安全法》实施以后，DSMM以及具体行业领域的数据分类分级指南很可能会成为《数据安全法》中数据分类分级制度具体实的标准和衡量指标。

【关联规定】

《中华人民共和国网络安全法》第21条、第37条，本法第27条、第30条、第31条，《证券期货业数据分类分级指引》，《信息安全技术 数据安全能力成熟度模型》，《工业数据分类分级指南（试行）》，《金融数据安全 数据安全分级指南》

（撰稿人：魏露露、赵精武）

第二十二条　【建立国家数据安全风险机制】国家建立集中统一、高效权威的数据安全风险评估、报告、信息共享、监测预警机制。国家数据安全工作协调机制统筹协调有关部门加强数据安全风险信息的获取、分析、研判、预警工作。

【释义】

本条明确了建立数据安全风险机制的要求，属于建立健全国家数据安全管理制度，完善国家数据安全治理体系的重要组成部分。《关于〈中华人民共和国数据安全法（草案）〉的说明》的立法声明中指出："数据是国家基础性战略资源，没有数据安全就没有国家安全……"加之当前我国数据安全形势严峻，数据处理活动中面临的安全风险众多，事件频发，其危害程度更加严重，影响范围不断扩大，仅依赖规范对象个体、依据各部委指导性文件和标准进行自我管理，恐怕难以实现对数据安全风险的全局把握与监测预警，因此有必要从国家层面建立集中统一、高效权威的数据安全风险监测预警机制，通过"自上而下"的角度对数据安全风险集中开展治理工作。

这一条款实际在一定程度上是对《网络安全法》第 51 条、第 52 条在数据安全领域的进一步强化规定与细化补充。本条要在国家层面建立针对数据安全风险的评估、报告、信息共享、监测预警机制，并着重强调了在国家数据安全工作统筹协调机制下要求有关部门针对数据安全风险信息的获取、分析、研判和预警工作的重要性。这种国家层面的公权力监测预警机制，有助于及时发现和准确识别数据安全风险，并在此基础上有效预测风险事件发生的可能性、影响范围和危害程度，准确发布避免、减轻危害的措施。

通常来讲，数据安全风险是指针对数据的，在其生存全周期的安全风险，一般包括外部数据安全威胁、内部数据安全风险以及数据以外丢失的风险。数据安全风险评估是网络安全风险评估的重要组成部分，既可以融合也可以构建独立评估体系单独运转。根据本法第 30 条的规定，风险评估报告应包括处理的重要数据的种类、数量，开展数据处理活动的情况，面临的数据安全风险及其应对措施等。本条规定实际要求在重要数据处理者定期报送风险评估报告的基础上，从国家层面统筹对本国境内数据安全风险的全面评估，并向中央国家安全领导机构等进行报告和信息共享。数据安全监测预警机制，即指基于数据安全风险信息的信息源，通过采用各种技术手段持续动态地监测风险与恶意行为，由及时提供警告的机构、制度、网络、举措等共同组成的机制，其作用在于能够促进实现提前反馈，及时布防，防止或者减少风险发生的可能性，最大限度地消除或降低事故发生的概率。在实践中，数据安全监测类型的规划可以依据全国网络安全标准化技术委员会《信息安全技术 网络安全监测基本要求和实施指南》（GB/T 36635－2018）第5.3条对网络安全监测类型进行划分：（1）信息安全事件监测；（2）运行状态监测；（3）威胁监测；（4）策略与配置监测。工业和信息化部印发的《电信和互联网行业数据安全标准体系建设指南》第3.3条为电信和互联网行业数据监测预警与处置设立了标准：明确数据安全监测预警与处置系统及其技术要求，结合数据的敏感度、量级、流向以及账号权限等进行综合分析，实时动态追踪数据安全风险，主要包括监测预警与处置方面的技术要求、接口规范、测试规范等标准。

本条还着重强调了数据安全风险信息的重要性。与网络安全信息一样，数据安全风险信息来源分散，数据量大，只有在国家数据安全工作协调机制统筹协调各个有关部门在履行职责的基础上，合力加强对信息的获取、分析、研判与预警的多维度监督，才能够制定并采取更有效的数据安全风险应对措施。根据工业和信息化部《互联网网络安全信息通报实施办法》《公共互联网网络安全威胁监测与处置办法》以及《国家网络安全事件应急预案》对网络安全监测信息来源的规定，可以推定一般数据风险信息也包括自主监测信息和外部情报信息两大来源，具体类型则包括：（1）安全事件信息；（2）威胁信息；（3）漏洞信息；（4）态势感知信息。[①] 从全球针对网络安全信息获取、分析、研判与预警的方式来看，有些国家设立了永久性分析和情报中心，如日本通信信息共享与分析中心，

① 参见马民虎主编：《网络安全法律遵从》，电子工业出版社2018年版，第107～108页。

旨在更有效地向公共和私有部门的决策者提供战略信息，[①] 从中足见其对“安全信息”获取与合力分析的重视程度。《数据安全法》第22条体现了我国对数据安全信息的重视，即通过“统筹协调”阐释了国家对收集和获取数据安全信息并合力进行整合分析的能力。本条相较于《数据安全法（一审稿）》《数据安全法（二审稿）》，增加了“国家数据安全工作协调机制统筹协调有关部门”加强数据安全风险信息的获取、分析、研判、预警，这也进一步体现了国家对数据安全的重视。数据安全工作涉及面广，建立相应的工作协调机制能够更好地从宏观角度进行统筹协调。

数据安全风险机制的具体内容、相关政府部门及企业的义务仍有待于未来相关配套法规的细化和补充。

【关联规定】

《中华人民共和国网络安全法》第51条、第52条，《互联网网络安全信息通报实施办法》第4条、第7条、第10条、第23条，《公共互联网网络安全威胁监测与处置办法》第2～6条，《国家网络安全事件应急预案》第3.2条、第3.3条、附件1，《信息安全技术 网络安全监测基本要求和实施指南》第4.2条，《数据安全管理办法（征求意见稿）》第33条、第34条

（撰稿人：徐实）

第二十三条　【建立国家数据安全应急处置机制】国家建立数据安全应急处置机制。发生数据安全事件，有关主管部门应当依法启动应急预案，采取相应的应急处置措施，防止危害扩大，消除安全隐患，并及时向社会发布与公众有关的警示信息。

---

① 参见马民虎主编：《网络安全法律遵从》，电子工业出版社2018年版，第116页。

【释义】

本条确立了数据安全的应急处置机制，以有效应对和处置数据安全事件。应急处置的优劣会深入影响数据安全事件所造成的后果，有效的数据安全应急处置机制能够减少数据安全事件造成的损失和危害，确保数据安全。与前款规定一致，基于数据的战略资源属性，出于保护数据安全的需要，本条也要求在国家层面上建立数据安全应急处置机制，具体执行主体则是有关主管部门，可以依据《网络安全法》第 53 条和《国家网络安全事件应急预案》中的规定进行规划设置：应当由国家网信部门负责协调有关部门建立其内部的网络安全实践应急处置机构与机制；同时在中央网络安全和信息化领导小组的领导下，由中央网络安全和信息化领导小组办公室统筹协调组织国家网络安全事件的应急响应工作，工业和信息化部、公安部、国家保密局等部门分工负责，必要时成立国家网络安全事件应急指挥部。

本条在一定程度也是《网络安全法》第 55 条针对网络安全事件应急处置措施的规定在数据安全领域的进一步规定与发展，通过对数据安全事件进行分析、检测、研判，启动应急预案，进行快速响应，来降低数据事件的影响和危害。本条将应急处置机制主要分为两个步骤，规定了有关主管部门的两个义务：第一是依法启动应急预案，采取相应的应急处置措施；第二则是及时向社会发布与公众有关的警示信息。

第一，有关部门需要依法启动应急预案。应急预案是一种事前预防措施，是指为依法、迅速、有效、科学应对突发事件，最大限度预防和减少突发事件及其造成的损失，为维护国家安全和社会稳定，促进经济社会全面、协调、可持续发展而预先制订的工作方案。为充分发挥数据安全应急预案的重要作用，该应急预案的规划、编制、审批、备案、公布、演练、修订和保障等工作需要依照《突发事件应急预案管理办法》的规定，要遵循统一规划、分类指导、分级负责、动态管理的原则。数据安全应急预案需要规定应对的基本原则、组织体系、运行机制以及应急保障的总体安排等，明确相关各方的职责和任务，其是应对数据安全事件的主要依据和重要行动规范。除了直接启动应急预案之外，有关主管部门还需要采取相应的应急处置措施。应急处置措施应当覆盖数据安全事件管理的全生命周期，应涵盖应急启动、应急处置、后期恢复处置、应急处置保障措施等，以实现防止危害扩大，消除安全隐患的目的，具体则可以依据《国家网络安全事件应急预案》中对于应急处置的具体机制的规定进行进一步设置与实施。工业和信息化部印发的《电信和互联网行业数据安全标准体系建设指南》第3.4条指出：应急响应与灾难备份标准用于规范数据安全事件的应急响应管理、处置措施，规范灾难备份及恢复工作的目标和原则、技术要求以及实施方法，主要包括数据安全应急响应指南、灾难备份技术要求、恢复能力评价等标准。从《网络安全法》第55条和本法第29条的规定看来，有关主管部门在依法处置数据安全事件，采取应急处置措施时，有权要求数据处理者采取技术措施和其他必要处置措施，防止危害扩大，确保数据安全。

第二，有关部门还负有及时向社会发布与公众有关的警示信息的义务。数据安全事件发生后，负责应急处置的有关部门应根据事件的严重程度及对社会公众的影响程度，及时、准确、依照相关规定（尤其是程序性规定）通过新闻媒体向社会公众发布与公众有关的警示信息。这一义务一方面要求有关部门及时、准确、客观、统一发布与公众有关的警示信息，避免有关部门内部机构或个人分别随意向社会传达自身看法而造成公众误解；另一方面实际还要求有关部门就警示信息展开讲解，告知公众可采取的防止损害扩大，消除安全隐患的措施，以达到维护社会公众利益的目的。[①]

数据安全应急机制的具体内容、相关政府部门及企业的义务仍有待于未来相关配套法规的细化和补充。

---

① 杨合庆主编：《〈中华人民共和国网络安全法〉解读》，中国法制出版社2017年版，第115～116页。

【关联规定】

《中华人民共和国网络安全法》第25条、第53条、第55条，《国家网络安全事件应急预案》第2.1条，《突发事件应急预案管理办法》第2~5条

（撰稿人：徐实）

第二十四条　【建立国家数据安全审查制度】国家建立数据安全审查制度，对影响或者可能影响国家安全的数据处理活动进行国家安全审查。

依法作出的安全审查决定为最终决定。

【释义】

本条明确了建立国家数据安全审查制度的要求，是建立健全数据安全治理体系的重要组成部分。数据是国家基础性战略资源，在国际竞争中发挥的效用日益提升，对数据的掌控能力是衡量国家竞争力的关键因素，而同时数据安全问题也与国家主权、安全与发展利益息息相关。因此，对与国家安全相关的数据处理活动进行国家安全审查与处置，是管控国家数据安全风险的必要手段。当前我国已通过《国家安全法》《网络安全法》《外商投资法》《密码法》等法律法规，建立起包括网络安全审查、外商投资审查等在内的国家安全审查体系。具体而言，《国家安全法》第四章“国家安全制度”的第59条规定，国家建立国家安全审查和监管的制度和机制，对影响或者可能影响国家安全的外商投资、特定物项和关键技术、网络信息技术产品和服务、涉及国家安全事项的建设项目，以及其他重大事项和活动，进行国家安全审查，有效预防和化解国家安全风险。《数据

安全法》第24条是对上述条款中“网络信息技术产品和服务”进行安全审查的关键要素，与《网络安全法》中第35条关于关键信息基础设施的国家安全审查的规定相衔接融合，同时也体现于《网络安全审查办法》第9条的规定，即产品和服务使用后带来的重要数据被窃取、泄露、毁损的风险属于网络安全审查的内容之一。在此背景下，数据安全审查与网络安全审查、外商投资审查等之间存在着融合与交汇，因此数据安全审查的审查对象、审查范围、审查机构、审查内容、审查标准、审查程序等都需要未来相关配套法规的细化和补充，但是当下也可以从上述关联规定中进行一定程度的探析。

根据本条规定，数据安全审查性质仅限于国家安全审查，即只有在数据处理活动影响或者可能影响国家安全的情况下才实施数据安全审查。这也就意味着我国的国家数据安全审查并不是常规常态的审查，也不会针对所有数据，只有在数据处理活动可能影响国际安全的情况下才会启动。《国家安全法》第2条明确规定“国家安全”是指“国家政权、主权、统一和领土完整、人民福祉、经济社会可持续发展和国家其他重大利益相对处于没有危险和不受内外威胁的状态，以及保障持续安全状态的能力”。这种规定实际上也在一定程度上规范了国家数据安全审查的范围。另外，本条还规定有关机构依法作出的数据安全审查决定为最终决定，这意味着其为法定行政终局行为，该决定一经作出即告生效，不会进入行政复议或行政诉讼程序。相关审查对象不能够对此决定要求申请行政复议或行政诉讼。这种规定有利于维护国家安全审查决定的确定性，避免因为不确定性影响“数据处理者”利益。

根据相关法律规定以及本法第2条规定，数据安全审查的对象可以基本推定为在本国境内开展的涉及国家安全的数据处理活动，既包括线上的数据活动，也包括线下的数据活动。而且本条对进行数据活动主体并未做出限制，也就是说不论数据处理者来源地是国内抑或国外，都同等适用数据安全审查制度，不实行差别待遇。网络安全审查的内容重点在于信息技术产品和服务的安全性和可控性，数据安全审查的主要内容可能更关注数字环境的安全性和数据利用的可控性，二者之间对此价值定位具有一定相似性。[①] 审查程序方面，《网络安全审查办法》作出了相应的规定，具体而言，第一步应由运营者预判后进行审查申报；第二步由网络安全审查办公室确定是否进行审查，如果确定审查，则要在规定时间内完成初步审查并向网络安全审查工作机制成员单位、相关关键信息基础设施保护工作部门征求意见；第三步由上述相关部门书面回复网络安全审查办公室，审查意见一致时将直接反馈给运营者，否则进入特别程序。无论是上述程序规定还是相关审查标准重点要求，我国的网络安全审查办法之规定是合理且高度透明的，有效平衡了维护安全与自由贸易之间的关系，为数据安全审查机制提供了良好的制度基础，因此数据安全审查在程序、标准等方面都可以对其进行借鉴。

【关联规定】

《中华人民共和国国家安全法》第 59 ~ 61 条，《中华人民共和国网络安全法》第 35 条，《中华人民共和国外商投资法》第 35 条，《中华人民共和国密码法》第 27 条，《网络安全审查办法》，《关键信息基础设施保护条例（征求意见稿）》第 31 条

（撰稿人：徐实、赵精武）

第二十五条　【建立数据出口管制制度】 国家对与维护国家安全和利益、履行国际义务相关的属于管制物项的数据依法实施出口管制。

---

① 参见《网络安全审查办法》第 9 条；刘金瑞：《数据安全范式革新及其立法展开》，载《环球法律评论》2021 年第 1 期。

【释义】

本条明确了对于维护国家安全和利益、履行国际义务相关的属于管制物项的数据进行出口管制的要求。在以数字为关键生产要素的数字经济高速发展的背景下，数据流动所产生的经济价值和社会价值日益凸显，随之而来的还有流动过程中产生的安全风险，国家安全、利益、个人隐私等都受到严重威胁，因此对数据流动进行规制，尤其是对处于全球各国各地区进行政策立法博弈的数据跨境流动进行规制是保障数据安全的重要手段。

本条并未对适用跨境流动情形下适用出口管制的数据类型或等级进行明确要求，实际上可以针对任何类型或等级的数据，只要数据属于“与维护国家安全和利益、履行国际义务相关的属于管制物项”，就可以依法对其实施出口管制。换言之，出口管制制度适用范围要求数据必须属于管制物项，且必须是基于履行国际义务和维护国家安全相关事项。根据《出口管制法》第 2 条第 1 款、第 2 款，两用物项、军品、核以及其他与维护国家安全和利益、履行防扩散等国际义务相关的货物、技术、服务等物项，包括物项相关的技术资料等数据在内都属于管制物项。本条也并未对“出口管制”的含义进行解释，《出口管制法》第 2 条第 3 款规定，本法所称出口管制，是指国家对从中华人民共和国境内向境外转移管制物项，以及中华人民共和国公民、法人和非法人组织向外国组织和个人提供管制物项，采取禁止或者限制性措施。本条并未对具体的管制范围、管制方式等进行明确规定，仍有待后续配套立法的进一步明确，但是将“数据”作为出口管制物项，事实上为后续重要数据以及个人非敏感数据、政府和公共部门的一般数据、行业非限制性技术数据等数据出口管制规则提供法律依据。

本法第 30 ~ 31 条规定的重要数据出境评估制度、《网络安全法》《数据安全管理办法（征求意见稿）》及《个人信息保护法》中分别规定的关键信息基础设施运营者、网络运营者重要数据及个人信息的数据出境安全评估要求一起组成了我国对数据跨境流动的基本管理机制——“评估+管制”机制，通过设置数据跨境禁止和限制的模式来在一定程度上实现数据本地化的安全诉求。从目前关联条款的相关规定来看，国家建立的数据出口管制制度，很大程度可能会延续《出口管制法》《网络安全法》的规定，以出口许可作为实施手段，至于是否采取制定管制清单制度，如何实现数据出口管制与数据安全审查、数据出境安全评估等制度合理衔接则需要依靠有关部门的进一步细化规定。

事实上，在全球范围内，从国家安全角度限制数据活动及数据跨境十分常见。俄罗斯则是通过包括《俄罗斯联邦〈关于信息、信息技术和信息保护法〉修正案及个别互联网信息交流规范的修正案》《就“进一步明确互联网个人数据处理规范”对俄罗斯联邦系列法律的修正案》《俄罗斯联邦个人数据法》等在内的规定采取了数据存储本地化的刚性模式以加强对数据安全、国家安全的保护。①

【关联规定】

《中华人民共和国网络安全法》第37条，《中华人民共和国出口管制法》第2条、第12条、第32条，《中华人民共和国密码法》第28条，《数据安全管理办法（征求意见稿）》第28条，《个人信息出境安全评估办法（征求意见稿）》第2条，《个人信息和重要数据出境安全评估办法（征求意见稿）》第2条、第9条

（撰稿人：徐实、赵精武）

第二十六条　【明确数据领域对等反歧视措施】任何国家或者地区在与数据和数据开发利用技术等有关的投资、贸易等方面对中华人民共和国采取歧视性的禁止、限制或者其他类似

---

① 参见何波：《俄罗斯跨境数据流动立法规则与执法实践》，载《大数据》2016年第6期。

措施的，中华人民共和国可以根据实际情况对该国家或者地区对等采取措施。

【释义】

本条明确了国家在数据领域的对等反歧视措施，为本国在全球开展数据活动中依法、合法地采取对等的反歧视措施提供明确的法律依据，保障了本国相关企业参与数字领域国际竞争的公平性和其合法合理的利益，进而达成切实维护国家主权、安全和发展利益的目的。针对歧视的反制裁措施在国际私法、贸易等领域存有先例，本条此次通过引入国际法中的对等原则，以对抗性强化了本国保障数据主权、数据安全的能力，有效应对了他国或地区侵犯本国数据主权的问题，同时也能够推动建立公平、对等的全球数据治理规则，尤其是在数据跨境流动领域中的促进自由流动方面。

按照总体国家安全观的要求，充分发挥数据的基础资源和创新引擎作用，我国不仅需要通过立法对国内数据安全保护进行规制，还需要为公平参与国际竞争，参与建立数据全球治理规则提供保障。

本条规定与《反外国制裁法》《阻断外国法律与措施不当域外适用办法》（商务部令 2021 年第 1 号）相衔接。《反外国制裁法》中强调了中国反霸权主义和强权政治的坚定立场，其第 3 条申明我国有权对“外国国家违反国际法和国际关系基本准则，以各种借口或者依据其本国法律对我国进行遏制、打压，对我国公民、组织采取歧视性限制措施，干涉我国内政的”采取相应反制措施，同时还规定有关法律等可以规定采取其他必要反制措施。这种规定为本条中有关主管部门针对来自他国或其他地区的歧视性禁止或限制等措施的具体情况，制定对等反歧视措施提供了基础，留足了空间。根据《阻断外国法律与措施不当域外适用办法》第 5 条，中国公民、法人或者其他组织遇到外国法律与措施禁止或限制正常经贸及相关活动的，应当向国务院商务部主管部门如实报告。这条规定既是为从事经贸等活动的相关方规定了义务，同时也赋予了其请求国家有关部门协助解决的权利。本法虽然并未对相关上报主体以及其权利与义务进行规定，但是可以推定从事数据贸易、投资等活动的中国公民、法人或其他组织在面对针对中国的歧视性禁止、限制或其他类似措施时，也应当上报给有关部门。本条中也未就有关部门对“针对中国的歧视性禁止、限制或其他类似措施”的审查内容、审查标准、审查机制等进行规定，但参考《阻断外国法律与措施不当域外适用办法》第 6 条的规定，数字领域歧视性禁止或限制措施审查内容与标准应当也需要考量：（1）是否违反国际法和国际关系基本准则；（2）对中国国家主权、安全、发展利益可能产生的影响；（3）对中国公民、法人或者其他组织合法权益可能产生的影响；（4）其他应当考虑的因素。

【关联规定】

《中华人民共和国外商投资法》第 28 ~ 30 条、第 34 条、第 35 条，《中华人民共和国反外国制裁法》第 3 条、第 13 条，《阻断外国法律与措施不当域外适用办法》第 5 条、第 6 条、第 12 条

（撰稿人：徐实）

第四章　数据安全保护义务

第二十七条　【数据安全保护义务履行方式】 开展数据处理活动应当依照法律、法规的规定，建立健全全流程数据安全管理制度，组织开展数据安全教育培训，采取相应的技术措施和其他必要措施，保障数据安全。利用互联网等信息网络开展数据处理活动，应当在网络安全等级保护制度的基础上，履行上述数据安全保护义务。

重要数据的处理者应当明确数据安全负责人和管理机构，落实数据安全保护责任。

【释义】

本条强调了开展数据活动的合规性要求以及重要数据处理者的管理责任。该条与第3章国家建立数据安全制度相关联，是对开展数据活动主体设置的安全保护义务①。

经济合作与发展组织，简称经合组织（OECD），1980年颁布了《隐私保护和个人数据跨境流通指南》（OECD Guidelines on the Protection of Privacy and Transborder Flows of Personal Data），该指南第11条确立了安全保护

① 谭维迪：《开放教育课程团队建设的组织与应用实践——以〈个人与团队管理〉课程为例》，载《智库时代》2017年第8期。

原则（Security Safeguards Principle）[①]。

数据安全是指数据控制者应当妥善地储存其所收集的个人数据，并采取合理的安全保护措施，防止发生未经授权的数据丢失、泄露、修改、适用或毁坏等风险。要保障数据安全，不仅需要限制数据的用途和公开，还应当辅之以合理的安全保护措施[②]。该条明确了开展数据活动应当采取的数据安全保障措施，即一是建立健全全流程数据安全管理制度；二是组织开展数据安全教育培训；三是采取相应的技术措施和其他必要措施；四是重要数据的处理者应落实数据安全保护责任[③]。《网络安全法》《个人信息保护法》《数据安全管理办法（征求意见稿）》也有类似的条文，作为我国“数据安全领域的基础性法律”[④]，《数据安全法》成为国家安全法律体系的重要组成部分，与《网络安全法》《个人信息保护法》等一起构成中国数字经济发展与安全的制度保障[⑤]。

---

① 11：Personal data should be protected by reasonable security safeguards against such risks as loss or unauthorised access，destruction，use，modification or disclosure of data.

② 高富平：《个人数据保护和利用国际规则：源流与趋势》，法律出版社 2016 年版，第 9 页。

③ 《〈数据安全法〉获通过，其中这些“首次”意义重大》，载腾讯网 2021 年 6 月 12 日，https：//new. qq. com/rain/a/20210612A03MN500，2021 年 6 月 13 日访问。

④ 《前沿观察 | 数据安全法关键条款与落实思路》，载腾讯网 2021 年 6 月 11 日，https：//new. qq. com/rain/a/20210612A010JU00，2021 年 6 月 13 日访问。

⑤ 值得说明的是，《数据安全管理办法（征求意见稿）》在继承《网络安全法》原则性规定的基础上，着重规范了网络运营者对于个人信息和重要数据的安全管理义务；而《数据安全法》是在《数据安全管理办法（征求意见稿）》基础上构建了数据安全保护管理制度，强化了国家数据安全保障能力，直面数据安全给国家安全带来的风险与挑战，切实维护国家主权、安全和发展利益。参见马海群、张涛：《从〈数据安全法（草案）〉解读我国数据安全保护体系建设》，载《数字图书馆论坛》2020 年第 10 期。

网络安全法		个人信息保护法		数据安全管理办法（征求意见稿）	
第9条	网络运营者开展经营和服务活动，必须遵守法律、行政法规，尊重社会公德，遵守商业道德，诚实信用，履行网络安全保护义务，接受政府和社会的监督，承担社会责任。	第9条	个人信息处理者应当对其个人信息处理活动负责，并采取必要措施保障所处理的个人信息的安全。	第6条	网络运营者应当按照有关法律、行政法规的规定，参照国家网络安全标准，履行数据安全保护义务，建立数据安全管理责任和评价考核制度，制定数据安全计划，实施数据安全技术防护，开展数据安全风险评估，制定网络安全事件应急预案，及时处置安全事件，组织数据安全教育、培训。
第10条	建设、运营网络或者通过网络提供服务，应当依照法律、行政法规的规定和国家标准的强制性要求，采取技术措施和其他必要措施，保障网络安全、稳定运行，有效应对网络安全事件，防范网络违法犯罪活动，维护网络数据的完整性、保密性和可用性。	第11条	国家建立健全个人信息保护制度，预防和惩治侵害个人信息权益的行为，加强个人信息保护宣传教育，推动形成政府、企业、相关社会组织、公众共同参与个人信息保护的良好环境。		

数据中本身蕴含着可以被解读和分析的国家政治、经济、军事各方面重要信息，因而需要加以保护。同时，随着数据生产和使用的日益扩展，对于国家而言，数据已经成为基础性战略资源[①]。而数据的控制和运用，对社会产生了显著影响，也就形成了一种支配性权力的特征，从而也可能对国家治理权力的实施效果乃至基本结构产生重要影响。因此，对于数据安全的重视，被上升到“数据主权”这一层面，数据主权成为相关立法的基本立场[②]。

此条文在《数据安全法（一审稿）》和《数据安全法（二审稿）》基

① 黄志雄：《网络主权论》，社会科学文献出版社 2017 年版，第 27 页。

② 杨蓉：《从信息安全、数据安全到算法安全——总体国家安全观视角下的网络法律治理》，载《法学评论》2021 年第 1 期。

础上进行了修改，将“行政法规”修改为“法规[①]”；将“国家标准的强制性要求”删除；将“重要数据的处理者应当设立数据安全负责人和管理机构”中的“设立”修改为“明确”；将“在网络安全等级保护制度的基础上”调整修改为“利用互联网等信息网络开展数据处理活动，应当在网络安全等级保护制度的基础上，履行上述数据安全保护义务”。

就上述修改的目的与效果而言：一是扩大了调整数据处理行为的规范性文件的范围，地方国家权力机关制定的地方性法规也可以规制数据处理活动，这使得地方性法规的规范性功能得以适用，进一步补强了数据安全管理制度。二是删除“国家标准的强制性要求”，大抵是因为数据处理活动的行为人不知或者不明知哪些是国家标准的强制性要求[②]，所以作此规定意义不大。三是将“设立”修改为“明确”具有可行性[③]，在实践中，如果重要数据的处理者集数据安全负责人和管理人于一身，在此情况下如何去另行设立呢？作此规定，则难以与数据处理活动的实际相符合，导致该规定流于形式，而“明确”一词，既规定了责任主体又可强化责任主体的责任，使之更具有可操作性。四是更正了《数据安全法（二审稿）》中“在网络安全等级保护制度的基础上，建立健全全流程数据安全管理制度”逻辑不能自洽的问题，在逻辑上捋顺了“利用互联网等信息网络开展数据处理活动”与“网络安全等级保护制度”的对应关系，使条文

---

① 法律效力低于宪法和法律的一种法的形式。在中国指国务院制定的行政法规和地方国家权力机关制定的地方性法规。一般用条例、规定、规则、办法等称谓。

② 《网络安全法》第22条规定，“网络产品、服务应当符合相关国家标准的强制性要求”，《数据安全法（二审稿）》第25条也有此规定，但是哪些数据活动是国家标准的强制性要求，其与网络服务过程中产生的数据活动如何区分，是值得思考的问题。

③ “设立数据安全负责人和管理机构”与2016年欧盟《一般数据保护条例》（以下简称《条例》）中确立的数据保护专员制度（Data Protection Offices，DPO）相一致。欧盟成员国的国内法，如德国法、法国法首先对数据保护专员做出了规定，《条例》规定在数据控制者与处理者是公共机构改革，或其核心业务涉及大规模系统化监控，或其核心业务涉及大规模敏感数据的处理，或成员国法律明确要求的情形中，数据控制者与处理者必须指定一名数据保护专员，该专员必须具有数据保护领域的专业素养。《条例》确立了数据保护专员制度，成为联系数据控制者与处理者和数据监管机构之间的纽带，完善了数据控制者与处理着的内部管理体系，加强了其内部的数据保护力度，具有非常重要的实践意义与良性效果。参见高富平：《个人数据保护和利用国际规则：源流与趋势》，法律出版社2016年版，第138页。

之间的联系更为严密。

本条提出了“建立健全全流程数据安全管理制度”。这里的“全流程”涵括数据的生产、加工、筛选、分析、整合、处理、转让等各环节，任何一个环节都有出现数据泄露、遗失、被窃取、篡改的可能，因此强调全流程体现了过程管理的重要性。值得说明的是，“建立健全全流程数据安全管理制度”与《数据安全法》第21条、第22条、第24条、第25条规定的“确定重要数据目录”、重要数据“重点保护”要求，对“重要数据”施以“风险评估”“安全审查”“出口管制”等管理措施，较为接近和相似，均没有设计具体可操作的制度。该种规定过于原则化，不能很好地保障“重要数据”的安全。切实构建维护国家安全的数据安全管理制度，可以从下列方面进行：一是明确重要数据的认定制度[①]。在法律中明确规定哪些是重要数据较为困难，但是我们可以规定从所涉领域、职责部门、依据标准、具体程序四个方面来认定重要数据，完成国家数据安全管理的统一制度的架构。首先，明确重要数据涉及的重要领域和认定标准，即先列出所有涉及重要数据的重要领域和行业，如能源、电子政务、金融、医疗健康、交通等，认定标准为与国家安全和重大社会公共利益有直接关系的，可以表述为“一旦泄露可能严重危害国家安全、社会稳定、经济安全、公共健康和安全”，并需要与“重要数据”的定义保持一致[②]。其次，明确重要数据认定的负责部门和相应程序。不同领域的数据具有特殊性，不同地区相同领域的数据存在较小的差异性，为了遵循法治统一性的特点，可以将各领域各行业的主管部门设立为重要数据认定的负责部门[③]。因在重要数据保护范围内的经营者应该承担强制性的监管责任，所以在相关运营者不认可主管部门的行政认定时，应享有申请复议的权利，并将该救济程序纳入重要数据认定程序当中。二是健全重要数据的重点保

① 王志海、刘兆丰：《第二讲 电子商务基础》，载《中国设备管理》2001年第5期。
② 王志海、刘兆丰：《第二讲 电子商务基础》，载《中国设备管理》2001年第5期。
③ 王志海、刘兆丰：《第二讲 电子商务基础》，载《中国设备管理》2001年第5期。

护制度[①]。切实维护国家安全的关键在于对重要数据匹配相应的保护措施。《数据安全法》相关制度的设计仍过于原则化，还需要健全和完善。以《数据安全法》第30条规定的重要数据处理者定期开展“风险评估”制度为例，建议结合第22条“国家建立集中统一、高效权威的数据安全风险评估”机制，明确规定重要数据的处理者每年度需要评估的次数、评估的主体、谁来承担费用、对评估结果的处理。如果将该项工作交由数据安全检测评估机构承担，因重要数据涉及国家的安全，建议后续如出台司法解释时应增加数据安全检测评估服务机构许可准入制度，规定该服务机构的准入资质要求、测评的标准、流程、测评结果运用及保密义务等[②]。但考虑到企业的负担，建议增加：“重要数据安全风险评估应当与关键信息基础设施安全检测评估、网络安全等级测评制度相衔接，避免重复评估、测评。”

另外，值得思考的是，“……在网络安全等级保护制度的基础上，建立健全全流程数据安全管理制度，组织开展数据安全教育培训，采取相应的技术措施和其他必要措施，保障数据安全”。该条的规定似乎缺少主语，换言之，谁负有上述义务，承担上述责任。是第6条中的“各地区、各部门”，还是“工业、电信、交通、金融、自然资源、卫生健康、教育、科技等主管部门”，又或是“公安机关、国家安全机关”，“主语”有待进一步明确。此外，“相应的技术措施和其他必要措施”系概括性规定，此条规定系法的模糊性，何谓“相应的技术措施和其他必要措施”[③]，这里面既是一个事实判断的问题，又是一个面临诉讼时的举证责任问题，有必要对此进行廓清或释明，必要时还应出台相应的司法解释，否则极易导致适用

---

① 王志海、刘兆丰：《第二讲 电子商务基础》，载《中国设备管理》2001年第5期。

② 王志海、刘兆丰：《第二讲 电子商务基础》，载《中国设备管理》2001年第5期。

③ 笔者认为，可以参考六步法实施以敏感数据为中心的持续安全保护策略，这六步包括：1. 定义和管理数据治理政策；2. 发现、分类和理解个人和敏感数据；3. 将身份映射到个人和敏感数据；4. 分析数据风险；5. 制定保护和响应计划；6. 评估和报告。参见 Informatica－小殷：《数说 IN 语丨〈数据安全法（草案）〉公布，数据安全保护乘风破浪正当时》，载 CSDN 网 2020 年 7 月 10 日，2015 年 6 月 5 日访问。

上的混乱。笔者认为，“相应的技术措施和其他必要措施”应包括以下关键环节，即明确数据分级分类、数据角色授权、数据安全过程场景化管理，构建数据安全流程管理制度、数据安全应急管理机制等，闭环管理数据安全，及时根据政策合规与制度规范提升需求，滚动修订数据安全的制度、流程、标准，保障数据安全的规划、计划、实施、运行、监督的全程管控。

【关联规定】

本法第 21 条、第 22 条、第 24 条、第 25 条、第 30 条，《中华人民共和国网络安全法》第 9 条、第 10 条，《中华人民共和国个人信息保护法》第 9 条、第 11 条，《数据安全管理办法（征求意见稿）》第 6 条。

（撰稿人：刘建、赵精武）

第二十八条　【符合社会公共利益义务】开展数据处理活动以及研究开发数据新技术，应当有利于促进经济社会发展，增进人民福祉，符合社会公德和伦理。

【释义】

本条指明了开展数据活动及有关研究时应秉持的正确目的及其道德伦理要求。

检视《民法典》《网络安全法》等多部法律，均能发现类似的条文，这些条文均蕴含着伦理、道德规范。伦理是处理人们相互关系应遵循的道理和准则[①]。伦理道德作为一种社会规范，其功能主要是通过指导人

---

① 《伦理学视角下的良好生活》，载新华网 2015 年 8 月 25 日，http：//www. xinhuanet. com/politics/2015 －08/25/c_ 128161643. htm，2021 年 6 月 5 日访问。

们的行为以协调人与人之间的关系，实现个人生活和社会生活的驱恶扬善。道德的目的，从其社会意义上来看，就是要减少过分自私的影响范围、减少对他人的有害行为、消除两败俱伤的争斗以及社会生活中其他潜在的分裂力量而加强社会和谐[①]。“在一定程度上，特定的伦理价值乃是法律组合技术性规范的黏合剂，也是技术性法律领域赖以存在和发展的基点与依托。”[②]

民法典		网络安全法		个人信息保护法		数据安全管理办法（征求意见稿）	
第10条	处理民事纠纷，应当依照法律；法律没有规定的，可以适用习惯，但是不得违背公序良俗。	第9条	网络运营者开展经营和服务活动，必须遵守法律、行政法规，尊重社会公德，遵守商业道德，诚实信用，履行网络安全保护义务，接受政府和社会的监督，承担社会责任。	第10条	任何组织、个人不得非法收集、使用、加工、传输他人个人信息，不得非法买卖、提供或者公开他人个人信息；不得从事危害国家安全、公共利益的个人信息处理活动。	第23条	网络运营者利用用户数据和算法推送新闻信息、商业广告等（以下简称“定向推送”），应当以明显方式标明“定推”字样，为用户提供停止接收定向推送信息的功能；用户选择停止接收定向推送信息时，应当停止推送，并删除已经收集的设备识别码等用户数据和个人信息。 网络运营者开展定向推送活动应遵守法律、行政法规，尊重社会公德、商业道德、公序良俗，诚实守信，严禁歧视、欺诈等行为。
		第13条	国家支持研究开发有利于未成年人健康成长的网络产品和服务，依法惩治利用网络从事危害未成年人身心健康的活动，为未成年人提供安全、健康的网络环境。				

① ［美］E. 博登海默：《法理学——法律哲学与法学方法》，邓正来译，中国政法大学出版社1999年版，第387页。

② 胡旭晟：《法的道德历程——法律史的伦理解释》，法律出版社2006年版，第4页。

人类在经历了哥白尼革命、生物学革命、意识革命之后，开始了第四次以图灵为代表的信息革命。信息的载体是数据，数据被誉为信息文明时代的能源，可以比肩甚至超越工业文明阶段的煤炭与石油。[①] 数据科学是信息革命的最新阶段。它推动着大数据、云计算、区块链、物联网和"智慧+"等新兴数据技术的蓬勃发展，并对人和人类社会的影响日益深化。将大数据同社会治理深度融合、运用大数据解决复杂社会问题成为时代发展的必然趋势[②]。自 2014 年以来，政府工作报告中连续 6 年提到了"大数据"，其已经成为国家战略。2015 年 9 月 5 日，国务院发布了《促进大数据发展行动纲要》。其中提到，将建立"用数据说话、用数据决策、用数据管理、用数据创新"的管理机制，逐步实现政府治理能力现代化[③]。数据具有自由性和社会性的特点。具体来说：

1. 自由性

首先，借助大量的在线存储库（如云端），数据除了已经成为一个独立的客观存在的物质世界和精神世界之外，还提供收集工具、分析工具、管理工具、挖掘工具，预测工具和一套系统的管理方法，其运行规律和规则独立于物质世界和精神世界。

其次，作为数据的主体，人类具有高度的自我主动性。数据是数据科学时代的重要资源和权利，代表数据技术发展的相关电子健康记录、可穿戴式医疗设备、智能手机应用等衍生出来的电子健康记录数据、行为数据和图像数据等数据，以移动性和可及性为目标，其开发、使用和管理对实践主体的生存并不重要，不受其他力量的制约，海量、高速、复杂性的存储、访问、共享和分析数据的优势和特点得到了充分突显[④]。

---

① 王轶：《一部中国特色社会主义民法典》，载求是网 2020 年 5 月 28 日，http：//www. qstheory. cn/llwx/2020 -05/28/c_ 1126043755. htm，2021 年 6 月 5 日访问。

② 王轶：《民法典之重点：在共识中体现人民意志》，载民主与法制网 2020 年 6 月 19 日，https：//baijiahao. baidu. com/s？ id = 1669894632527898507&wfr = spider&for = pc，2021 年 6 月 5 日访问。

③ 《数据作为生产力，已经成为"国家基础性战略资源"》，载搜狐网 2016 年 5 月 17 日，https：//www. sohu. com/a/75718787_ 398736，2021 年 6 月 5 日访问。

④ 曾海燕、张今杰：《公共卫生事件中数据技术的伦理考量》，载《湘潭大学学报（哲学社会科学版）》2021 年第 2 期。

2. 社会性

技术具有工具的客观属性，“是一定的时空形状、仪器和程序的客体化”“即特定形式、工具和时空程序的客观化”[①]。无论如何，技术始终是实现人类目标的手段[②]。受各种社会和文化条件的限制和影响。一旦社会伦理道德已经存在，它们所指导和运作的技术就必须具有一定程度的社会性。马克思主义伦理学明确指出，道德是旨在调节社会群体关系的行为规范的总和，这种关系还包括连接人际关系的技术。数据技术的伦理是支配“数据技术、人与社会”之间关系的行为规范的总和。

与此同时，数据的伦理属性也随着数据技术的不断发展而发生深刻变化。数据的上述特点，决定了数据收集、分析和使用阶段逐渐暴露出隐私、数据责任主体、污名化、数据独裁等伦理议题，大数据在停滞和前进中存在两难。具体来说：一是隐私问题。大数据时代下，个人的生活、工作蕴藏着海量的生理数据、心理数据和行为数据，但在现实生活中个人却没有数据的处置权，大数据的数据收集、分析和使用等一系列操作是不透明的，即所谓的“黑匣子”，普通人看不见、摸不着，难以理解和想象，在并不知情的情况下这些数据被广泛收集和利用，造成了对个人隐私的侵犯。在数据不断解读个人生活、挖掘生活规律的情况下，如何能够既保证数据的安全使用又减少对个体的伤害？另一个值得同样思考的问题是，目前互联网的各大账号都需要实名注册，个人形成的所有浏览记录都被互联网公司所掌握，如何确保企业负责任地运用数据？因此，如何维护个人隐私和数据安全是首要的伦理问题。二是数据伦理责任主体问题。个人信息保护中蕴含的人格利益与信息自由流通和应用中蕴含的巨大经济利益、公共安全和公共健康等公共利益之间形成了巨大的张力，这种矛盾和利益冲突在大数据时代被进一步激化[③]。人们通常会在无意识的日常状态下产生

---

① Friedrich Dessauer. Streit um die Technik. Frankfurt：VerlagJosef Knecht，1956，P432.

② ［美］布莱恩·阿瑟：《技术本质》，曹东溟、王健译，浙江人民出版社 2018 年版，第 26 页。

③ 张吉豫：《大数据时代中国司法面临的主要挑战与机遇——兼论大数据时代司法对法学研究及人才培养的需求》，载《法制与社会发展》2016 年第 6 期。

工作、学习、社交等海量数据，这些数据在数据生产者不知情的情况下被数据信息收集者免费收集、储存、分析、应用和发布，数据信息收集者通过数据挖掘获取数据价值。当前的数据伦理责任主体并没有严格界定，也尚未有明确的法律规范。如果在利益的驱动下，数据信息收集者通过各种手段利用法律的漏洞私自收集获取公民的个人信息，无视公民的隐私权，势必会牺牲公民的个人利益，也会影响人类命运共同体的幸福。三是污名化问题。虽然算法强调数据的客观性，尊重数据、推崇理性，但算法设计的过程并不能摆脱人为参与。大数据所构建的数据库中的数据项和算法的逻辑建构，是在专业知识的指导下建立的，是否会带有某种偏见或歧视性指标是不为人所知的。四是数据独裁问题。所谓数据独裁，是指在大数据时代，由于海量数据的爆炸式增长导致做出判断和选择的难度陡增，迫使人们必须完全依靠数据的预测和结论才能做出最终的决策[①]，呈现数据领导人的局面。因此，基于上述问题，开展数据处理活动以及研究开发数据新技术必然要受到伦理规制，以规范在社会治理中的健康应用和满足智慧化的需要。

此外，从积极的视角来看，构建数据中心，开展处理数据的活动和开发数据新技术，可以探索出数据背后的信息价值，可以有效加大经济产业规模，促进经济投资产业发展，增强经济发展产业的应用，提高经济投资产业核心竞争力，从而为企业提供有益的帮助，为企业带来利润。

从消极的视角来看，如果开展处理数据的活动和开发数据新技术是为了窃取他人的数据来形成优势，进一步形成恶意竞争及行业垄断，则在一定程度上阻碍经济社会发展，无益于增进人民福祉，应属该条文禁止的规范。

---

① 宋吉鑫:《大数据技术的伦理问题及治理研究》，载《沈阳工程学院学报》2018 年第 4 期。

【关联规定】

《中华人民共和国民法典》第 10 条，《中华人民共和国网络安全法》第 9 条、第 13 条，《中华人民共和国个人信息保护法》第 10 条，《数据安全管理办法（征求意见稿）》第 23 条。

（撰稿人：刘 建）

第二十九条 【风险处置义务】 开展数据处理活动应当加强风险监测，发现数据安全缺陷、漏洞等风险时，应当立即采取补救措施；发生数据安全事件时，应当立即采取处置措施，按照规定及时告知用户并向有关主管部门报告。

【释义】

本条是明确了开展数据活动时应采取的风险管理及安全事件处理措施。

《民法典》《网络安全法》《个人信息保护法》《数据安全管理办法（征求意见稿）》中也有类似的条文，横向比较这些条文，不难发现，信息、网络产品（网络服务）、数据都是数字时代的产物，一方面，信息、网络、数据使得社会透明度更高，大大降低了个人的私密性，同时也滋生了一些新型违法犯罪；另一方面，数字时代社会运行不仅包括现实生活，还包括网络虚拟生活，必然加大社会治理的难度。因此，必须营造信息、网络、数据安全氛围，提前化解风险，加强信息、网络、数据法治建设。

民法典		网络安全法		个人信息保护法		数据安全管理办法（征求意见稿）	
第1038条	信息处理者不得泄露或者篡改其收集、存储的个人信息；未经自然人同意，不得向他人非法提供其个人信息，但是经过加工无法识别特定个人且不能复原的除外。 信息处理者应当采取技术措施和其他必要措施，确保其收集、存储的个人信息安全，防止信息泄露、篡改、丢失；发生或者可能发生个人信息泄露、篡改、丢失的，应当及时采取补救措施，按照规定告知自然人并向有关主管部门报告。	第22条	网络产品、服务应当符合相关国家标准的强制性要求。网络产品、服务的提供者不得设置恶意程序；发现其网络产品、服务存在安全缺陷、漏洞等风险时，应当立即采取补救措施，按照规定及时告知用户并向有关主管部门报告。 网络产品、服务的提供者应当为其产品、服务持续提供安全维护；在规定或者当事人约定的期限内，不得终止提供安全维护。 网络产品、服务具有收集用户信息功能的，其提供者应当向用户明示并取得同意；涉及用户个人信息的，还应当遵守本法和有关法律、行政法规关于个人信息保护的规定。	第57条	发生或者可能发生个人信息泄露、篡改、丢失的，个人信息处理者应当立即采取补救措施，并通知履行个人信息保护职责的部门和个人。通知应当包括下列事项： （一）发生或者可能发生个人信息泄露、篡改、丢失的信息种类、原因和可能造成的危害； （二）个人信息处理者采取的补救措施和个人可以采取的减轻危害的措施； （三）个人信息处理者的联系方式。 个人信息处理者采取措施能够有效避免信息泄露、篡改、丢失造成危害的，个人信息处理者可以不通知个人；履行个人信息保护职责的部门认为可能造成危害的，有权要求个人信息处理者通知个人。	第35条	发生个人信息泄露、毁损、丢失等数据安全事件，或者发生数据安全事件风险明显加大时，网络运营者应当立即采取补救措施，及时以电话、短信、邮件或信函等方式告知个人信息主体，并按要求向行业主管监管部门和网信部门报告。
		第25条	网络运营者应当制定网络安全事件应急预案，及时处置系统漏洞、计算机病毒、网络攻击、网络侵入等安全风险；在发生危害网络安全的事件时，立即启动应急预案，采取相应的补救措施，并按照规定向有关主管部门报告。				
		第42条	网络运营者不得泄露、篡改、毁损其收集的个人信息；未经被收集者同意，不得向他人提供个人信息。但是，经过处理无法识别特定个人且不能复原的除外。 网络运营者应当采取技术措施和其他必要措施，确保其收集的个人信息安全，防止信息泄露、毁损、丢失。在发生或者可能发生个人信息泄露、毁损、丢失的情况时，应当立即采取补救措施，按照规定及时告知用户并向有关主管部门报告。				

该条与《数据安全法（一审稿）》第27条相比，增加了“应当立即采取处置措施”的规定。之所以增加此规定，是因为数据具有大量、高速、易变性、低价值密度、真实性的特点，在数据处理活动中，一旦泄露重要数据（如未公开的政府信息、人类基因组、健康、人口、矿产资源等）则直接关系到国家、经济、社会和公共安全，所以需要采取相应的措施，尽可能地减少损失。

大数据采集、存储、分析及可视化技术的运用，使得对来源分散、数量巨大、格式众多的大数据分析成为可能，通过大规模的机器学习和深度学习等方式方法，对海量数据进行处理、分析和挖掘，提炼出数据中所包含的有价值的知识和信息，从而使数据具有“智能”，并且还可以通过建立模型寻求现有问题的解决方案以及实现预测等。

开展数据处理活动中极易发生数据安全缺陷、漏洞等分风险，集中凸显在以下几个方面：一是数据的战略性资源的地位日益显现，个人数据信息被过度采集。大数据、人工智能、云计算、物联网等领域存在着严重的数据安全隐患，个人信息数据被采集、读取和应用。一旦采集个人数据信息的企业的服务器遭到黑客的攻击，进而导致数据的泄露，很可能会危害用户的财产、隐私以及个人安全。二是相当数量的互联网企业欠缺数据信息的保护意识，存在很大的网络安全隐患。很多企业通过大数据分析用户的个人信息，其目的是期待获得更大的利益。这些企业在采集、分析、储存、调用、计算数据的过程中缺乏技术保护，更遑论投入相应的技术来保障大数据信息的安全。三是数据信息的交易泛滥。在一些非法网站中，交易用户数据的行为屡见不鲜。不法分子通过不正当的手段获取用户信息，然后通过非法网站上贩卖信息来牟取暴利，也可能通过这些用户的隐私数据来敲诈勒索用户①。

① 《大数据安全面临哪些风险及如何防护》，载搜狐网2019年4月16日，https：//www. sohu. com/a/308306675_ 604699，2021年6月10日访问。

面对数据智能化技术可能带来的风险，并不代表我们一定要反对技术进步才可避免，我们可以通过完善法律漏洞来实现人与技术的和谐发展。因为没有政府的法律管制，所有技术的发展将会杂乱无章，没有规则而带来的挫伤又是十分的深刻[①]。

开展数据处理活动的风险监测，其目的在于对数据处理活动的总体质量情况进行比较分析，发现数据处理活动中的质量安全风险、数据安全缺陷、漏洞出现的概率、高风险指标分类、溯源情况等方面的实际情况[②]。对于已经出现的风险，管理者需要采取一些措施，减少甚至消灭风险事件的发生，或降低风险事件发生时的损失。

【关联规定】

《中华人民共和国民法典》第1038条，《中华人民共和国网络安全法》第22条、第25条、第42条，《中华人民共和国个人信息保护法》第57条，《数据安全管理办法（征求意见稿）》第35条

（撰稿人：刘建）

第三十条　【重要数据处理者的风险评估义务】重要数据的处理者应当按照规定对其数据处理活动定期开展风险评估，并向有关主管部门报送风险评估报告。

风险评估报告应当包括处理的重要数据的种类、数量，开展数据处理活动的情况，面临的数据安全风险及其应对措施等。

---

① 朱晓庆：《数据智能化下的社会风险分析与防控》，载《信息系统工程》2021年第2期。

② 蔡婷：《农产品检测数据分析与风险监测》，载《现代食品》2019年第15期。

【释义】

本条明确了重要数据的处理者定期开展风险评估的责任，并进一步明确了风险评估报告应包括的内容。

“收集、存储、加工、使用数据的情况”不能涵括“开展数据处理活动的情况”，改为后者更为全面而严谨。删除“本组织掌握的”，笔者认为系由于如果出现组织未掌握但是处理了部分重要数据，以“未掌握”为免责事由进行抗辩，删除“掌握”一词，实则加强了重要数据的处理者在处理数据过程中的责任，达到了强化责任的立法目的。

风险评估是指在风险事件发生之前或之后（但还没有结束），对该事件给人们的生活、生命、财产等各个方面造成的影响和损失的可能性进行量化评估的工作①，即量化测评某一事件或事物带来的影响或损失的可能程度。②

从数据安全的角度来讲，风险评估是对开展数据处理活动或研究开发数据新技术所面临的威胁、存在的弱点、造成的影响，以及三者综合作用所带来风险的可能性的评估。③ 作为风险管理的基础，风险评估是组织确定信息安全需求的重要途径，属于组织信息安全管理体系策划的过程。④

---

① 《风险评估》，载百度百科，2021 年 6 月 10 日访问。

② 邱敏玲、王美贤、蔡碧兰：《灾害脆弱性分析在消毒供应中心风险评估中的运用与管理》，载《中国卫生标准管理》2020 年第 2 期。

③ 邱敏玲、王美贤、蔡碧兰：《灾害脆弱性分析在消毒供应中心风险评估中的运用与管理》，载《中国卫生标准管理》2020 年第 2 期。

④ 《风险评估是什么》，载高顿教育网 2018 年 9 月 14 日，https：//www. gaodun. com/frm/1093334. html，2021 年 6 月 10 日访问。

<table>
<tr><th colspan="2">网络安全法</th><th colspan="2">个人信息保护法</th><th colspan="2">数据安全管理办法（征求意见稿）</th></tr>
<tr><td>第17条</td><td>国家推进网络安全社会化服务体系建设，鼓励有关企业、机构开展网络安全认证、检测和风险评估等安全服务。</td><td>第36条</td><td>国家机关处理的个人信息应当在中华人民共和国境内存储；确需向境外提供的，应当进行安全评估。安全评估可以要求有关部门提供支持与协助。</td><td rowspan="3">第18条</td><td rowspan="3">数据安全责任人履行下列职责：
（一）组织制定数据保护计划并督促落实；
（二）组织开展数据安全风险评估，督促整改安全隐患；
（三）按要求向有关部门和网信部门报告数据安全保护和事件处置情况；
（四）受理并处理用户投诉和举报。
网络运营者应为数据安全责任人提供必要的资源，保障其独立履行职责。</td></tr>
<tr><td rowspan="2">第53条</td><td rowspan="2">国家网信部门协调有关部门建立健全网络安全风险评估和应急工作机制，制定网络安全事件应急预案，并定期组织演练。</td><td>第55条</td><td>有下列情形之一的，个人信息处理者应当事前进行个人信息保护影响评估，并对处理情况进行记录：
（一）处理敏感个人信息；
（二）利用个人信息进行自动化决策；
（三）委托处理个人信息、向其他个人信息处理者提供个人信息、公开个人信息；
（四）向境外提供个人信息；
（五）其他对个人权益有重大影响的个人信息处理活动。</td></tr>
<tr><td>第56条</td><td>个人信息保护影响评估应当包括下列内容：
（一）个人信息的处理目的、处理方式等是否合法、正当、必要；
（二）对个人权益的影响及安全风险；
（三）所采取的保护措施是否合法、有效并与风险程度相适应。
个人信息保护影响评估报告和处理情况记录应当至少保存三年。</td></tr>
</table>

在一些人眼中，数据中心的关键数据是可以交易并牟利的，在经济利益的驱使下，不法分子使用非法手段，如非授权访问来获取数据中心的关键数据。这些操作会造成数据中心的关键数据被篡改、损坏、监听、伪造、窃取甚至导致数据中心服务器的性能下降及运行缓慢，不能对外提供数据服务，造成严重损失。数据中心在网络中直接负责收集数据，整合数据资源，提供数据服务，维护整个网络的运行，是各种网络活动安全运行的基础。它必须提供快速的响应速度，满足整个时间段提

供服务的要求。

基于上述风险以及潜在危害，风险评估就显得极为重要。风险评估有以下益处，如可以确定潜在危险、潜在危险的严重性、危险的频率、最小化危险及确认避免危险的措施。笔者认为，应从风险评估的负责人、参与风险评估过程的主体、风险评估的内容和基本步骤等方面来全面理解。具体来说：

风险评估的负责人是重要数据的处理者，识别数据需求者、收集数据者、分析数据者、评价并改进数据分析者均系重要数据的处理者。

参与风险评估过程的主体应选择多元化和具有合格资质的群体。除了重要数据的处理者之外，还应包括数据的运营商、维护人、数据安全专业人员等。

风险评估过程的基本步骤包括①：识别工作中的任务和相关危害，评估危害的概率和严重程度，通过消除危害或使用保护措施降低危害的风险，记录过程和结果。

数据安全风险预警应建立从源头上评估数据安全风险的机制。国家需要建立统一的数据安全风险评估机制，包括信息交换、报告、检测和预警，重点把握下面几点：

一是建立数据安全风险预警机制，识别可能影响经济社会发展的内外部潜在因素，分析潜在因素的风险，明确数据安全风险预警标准，然后设置建立预警机制。二是建立数据安全风险识别机制，数据安全风险评估必须能识别一定的风险，特别是量化不确定风险的程度和风险可能造成的损失程度。② 国家必须建立常设监控机制，实时关注数据安全风险的变化。③三是建立数据安全风险处置机制，《数据安全法》明确提出建立基于数据安全风险识别和采取不同措施应对已知安全风险的数据安全应急机

① 《风险评估》，载百度百科，2021 年 6 月 10 日访问。

② 《风险评估资产重要性识别_ 基于数据安全的风险评估 - 数据资产识别》，载 CSDN 网 2020 年 12 月 31 日，https：//blog. csdn. net/weixin_ 33736666/article/details/112188255，2021 年 6 月 10 日访问。

③ 冯登国、张敏、李昊：《大数据安全与隐私保护》，载《情报理论与实践》2014 年第 1 期。

制。应特别注意重要数据，国家有关部门应建立有效、可靠的数据安全风险评估机制，通过缩短评估周期来降低数据安全风险。

本条还明确了重要数据处理者的责任。经济合作与发展组织1980年颁布了《隐私保护和个人数据跨境流通指南》，上述指南第14条确立了责任原则（Accountability Principle）。[①]

数据控制者是数据和数据利用行为的权利主体，数据控制者从日常数据的占有、使用、交易和处分等行为中获取收益。既然数据控制者从中受益，自然也要承担相应的责任。责任原则要求数据控制者应根据国内法的规定负责遵守隐私保护规则和决定。违反有关规定造成数据主体损害的，数据控制者应当承担损害赔偿责任。上述指南第14条规定的数据控制者的责任应为严格责任。即使数据处理行为不是由控制者本人实施，而是由控制者委托或指示其他主体实施，数据控制者也应承担连带责任。此外，除了数据控制者本人，数据控制者的委托代理人、数据处理者及其员工也有责任遵守和实施数据保护原则。例如，所有受托提供个人信息的实体都因违反保密义务而受到制裁。责任原则中的“责任”不仅包括法律规定的法定责任，还包括行为准则和自治规则中的特别责任。[②]

【关联规定】

《中华人民共和国网络安全法》第17条、第53条，《中华人民共和国个人信息保护法》第36条、第55条、第56条，《数据安全管理办法（征求意见稿）》第18条

（撰稿人：刘建）

---

① 14：A data controller should be accountable for complying with measures which give effect to the principles state above.

② 高富平：《个人数据保护和利用国际规则：源流与趋势》，法律出版社2016年版，第12页。

第三十一条　【重要数据出境规则】关键信息基础设施的运营者在中华人民共和国境内运营中收集和产生的重要数据的出境安全管理，适用《中华人民共和国网络安全法》的规定；其他数据处理者在中华人民共和国境内运营中收集和产生的重要数据的出境安全管理办法，由国家网信部门会同国务院有关部门制定。

【释义】

本条规范的是重要数据的出境管理。

从立法技术上讲，本条属于指示参照性法条，明确了关键信息基础设施运营者在我国境内收集和产生的重要数据的出境管理适用《网络安全法》的相关规定，其他数据处理者所掌握的重要数据的出境安全管理则由国家网信部门会同国务院其他有关部门制定。

《网络安全法》第37条规定关键信息基础设施运营者在中华人民共和国境内收集和产生的个人信息和重要数据需要在境内存储，因业务需要向境外提供的，应当进行安全评估。重要数据的概念首先是由《网络安全法》提出的。本条又将重要数据的出境管理区分为关键信息基础设施运营者掌握的重要数据和其他数据处理者。关键信息基础设施运营者掌握的重要数据的出境需要依据《网络安全法》中的关键信息基础设施安全保护制度，即重要数据原则上需要在境内存储，出境需要安全评估的规定，且只有在符合业务需要的前提下才能出境。这一对关键信息基础设施重要数据的“额外保护”一方面是因为关键信息基础设施在国计民生中的重要地位，需要重点保护。《网络安全法》第31条规定了关键信息基础设施的安全保护制度。公共通信和信息服务、能源、交通、水利、金融、公共服务、电子政务等重要行业和领域，以及一旦遭到破坏、丧失功能或者数据泄露，可能严重危害国家安全、国计民生、公共利益的，属于关键信息基础设施。关键信息基础设施在网络安全等级保护制度基础之上，实行重点保护。另一方面是由于重要数据自身的重要性。按照《数据安全法》第21 条的规定，数据安全保护采取数据分类分级管理制度，重要数据以划定“目录”的方式加强保护。因此，关键信息基础设施运营者针对收集和生产的重要数据的保护需要遵循三重保护义务，第一重是作为数据处理者的一般数据安全保护义务（《数据安全法》第四章），第二重是重要数据的加强保护义务（《数据安全法》第 21 条），第三重是关键信息基础设施的安全保护义务中涉及重要数据保护的义务（《数据安全法》第 30 条、第31 条）。而对于其他重要数据处理者的数据出境安全管理办法由中央网信办会同主管部门制定。

《网络安全法》对重要数据出境管理制度作出了指示性规定，首次提出数据出境安全管理要求。在《网络安全法》实施之后，国家有关部门在《网络安全法》的管理框架下，积极制定配套重要数据出境的管理办法，探索具有中国特色的个人信息和重要数据出境安全管理路径。2017 年 4月，中央网信办发布了《个人信息和重要数据出境安全评估办法（征求意见稿）》，2017 年 5 月，全国信息安全标准化技术委员会发布国家标准《信息安全技术 数据出境安全评估指南（草案）》。

中央网信办《个人信息和重要数据出境安全评估办法（征求意见稿）》就个人信息和重要数据的出境安全评估工作机制进行了规定。在国家重要数据出境管理制度建设方面，中央层面由中央网信办统筹协调数据出境安全评估工作，指导行业主管部门或监管部门组织开展数据出境评估工作。在行业层面，各行业主管部门或监管部门负责本行业数据出境安全评估工作，定期组织开展本行业数据出境安全检查。自行组织数据出境的安全评估应当成为网络运营者的数据安全保护义务的内容之一。同时，明确规定了需要报请行业主管部门进行安全评估的具体情况。行业主管部门不明确的，则由国家网信部门组织评估。此外，还具体规定了数据不得出境的情形。值得注意的是，《个人信息和重要数据出境安全评估办法（征求意见稿）》将开展数据出境安全评估的义务扩大至所有网络运营者，而本条中数据出境安全评估的规定直接适用于关键信息基础设施运营者，其他重要数据的处理者的数据出境安全管理办法另行规定。这其中暗含了区分主体的双轨制的重要数据出境安全管理制度。直接将关键信息基础设施的重要数据出境安全义务适用于所有的重要数据处理者，并没有体现数据出境安全义务的“梯度”设计，这一简单平移式的管理制度设计的合理性值得商榷。

【关联规定】

《中华人民共和国网络安全法》第 37 条，本法第 30 条

（撰稿人：魏露露、赵精武）

第三十二条　【数据处理活动应当遵循合法、正当、必要原则】任何组织、个人收集数据，应当采取合法、正当的方式，不得窃取或者以其他非法方式获取数据。

法律、行政法规对收集、使用数据的目的、范围有规定的，应当在法律、行政法规规定的目的和范围内收集、使用数据。

【释义】

本条规定了对数据处理活动应当遵循合法、正当、必要原则。

《数据安全法（一审稿）》第 29 条存在用词不规范和语义重复的问题，《数据安全法（二审稿）》规范了用词，将“必须采取合法、正当的方式”改为“应当采取合法、正当的方式”，同时删除了最后“不得超过必要的限度”的表述，避免了与“应当在法律、行政法规规定的目的和范围内”产生歧义，要求法律法规对收集、使用数据的目的、范围有规定的必须严格按照规定进行，不必再考量“何为必要限度”的问题，

对于数据处理活动的必要性要求更为严格，体现了法律用语的规范性和严谨性，正式通过的《数据安全法》延续了《数据安全法（一审稿）》中的表述。

数据在处理目的、处理方式等方面需要遵循一定的原则与规则。我国现行法中，《民法典》第1035条、《网络安全法》第41条[①]、《消费者权益保护法》第29条、《全国人民代表大会常务委员会关于加强网络信息保护的决定》第2条[②]、《互联网个人信息安全保护指南》第6.1条等规定，确立了处理个人信息应当遵循“合法、正当、必要”之原则，该原则同样适用于数据处理活动。数据共享应遵循合法、正当、必要原则。[③] 欧盟《一般数据保护条例》（GDPR）第5条规定了个人数据处理原则“对涉及数据主体的个人数据，应当以合法的、合理的和透明的方式来进行处理；个人数据的收集应当具有具体的、清晰的和正当的目的，对个人数据的处理不应当违反初始目的”[④]，即合法性、合理性和透明性以及目的限制。

“合法、正当、必要”原则本身具有抽象性，需要辅以相应的细化规则，以便司法适用。本条第1款规定了数据收集应当遵守合法、正当原则。合法原则是指司法实践中需要判断具体处理行为是否符合法律法规的具体规定。就最宽泛意义而言，法律对数据处理活动所施加的具体规则，都可以纳入合法原则的范畴内，即只要违背具体规则就意味着违

---

① 《网络安全法》第41条第1款：“网络运营者收集、使用个人信息，应当遵循合法、正当、必要的原则，公开收集、使用规则，明示收集、使用信息的目的、方式和范围，并经被收集者同意。”

② 《全国人民代表大会常务委员会关于加强网络信息保护的决定》：“二、网络服务提供者和其他企业事业单位在业务活动中收集、使用公民个人电子信息，应当遵循合法、正当、必要的原则，明示收集、使用信息的目的、方式和范围，并经被收集者同意，不得违反法律、法规的规定和双方的约定收集、使用信息。”

③ 王利明：《数据共享与个人信息保护》，载《北京日报》2019年4月29日。

④ GDPR Article 5 Principles relating to processing of personal data: 1. Personal data shall be: (a) processed lawfully, fairly and in a transparent manner in relation to the data subject (lawfulness, fairness and transparency); (b) collected for specified, explicit and legitimate purposes and not further processed in a manner that is incompatible with those purposes; further processing for archiving purposes in the public interest, scientific or historical research purposes or statistical purposes shall, in accordance with Article 89 (1), not be considered to be incompatible with the initial purposes (purpose limitation)...

背合法原则。合法原则更倾向于一种笼统的宣示意义，而非对法律适用的直接指导意义。正当原则而言，“正当”是一个伦理道德或价值判断意义上的词汇，通常而言合法的即正当的，例外情况是将伦理上不正当的行为评价为合法，而这种法通常会被认为是“恶法”。所以正当原则可以理解为给合法提供兜底，即对于一些行为与目的，法律没有给出明确的合法与否的评价，这时可以根据一般的伦理道德对其进行正当与否的评价。

本条第2款体现数据收集使用应当遵循必要原则，虽然该条文在表述时删除了“不得超过毕必要限度”之表述，但“在法律、行政法规规定的目的和范围内收集、使用数据”从正面表述了法律和行政法规规定的“必要限度”，其本意在于说明数据收集使用活动应采用侵害最小的方式处理数据，应限于实现处理目的的最小范围，不得进行与处理目的无关的数据处理。

个人数据的利用应当遵循合法、正当、必要的使用原则。周某芳诉中国银行上海分行名誉权纠纷案[①]，法院认为名义上的信用卡持卡人与银行之间因不良信用记录发生名誉权纠纷，法院应当依据侵权行为的要件进行审查。银行按照国家的相关法律法规及监管要求报送相关信息，其报送的信息也都是源于名义持卡人名下信用卡的真实欠款记录，并非捏造，符合数据获取合法性和正当性原则。中国人民银行的征信系统相对封闭，在只有本人或者相关政府部门、金融机构因法定事由才能对该系统内的记录进行查询，这些记录并未在不特定的人群中进行传播，特定主体必须在法律、行政法规规定的法定事由（目的）情形下才能够进行查询，符合必要性原则。

公共数据的利用也应当遵循合法、正当、必要的使用原则。公共数据作为促进经济发展的重要生产要素，应当鼓励市场主体对公共数据的利用和挖掘。但同时，对公共数据的利用应当合法、正当，不得损害国家利

① 《最高人民法院公报》2012 年第 9 期。

益、社会利益和其他主体合法权益，特别是不能损害数据原始主体的合法权益。2019 年浙江蚂蚁微贷等诉朗动公司商业诋毁及不正当竞争纠纷案[①]中，被告朗动公司运营的企查查通过发布和向特定用户推送的方式，发布了针对蚂蚁微贷清算的企业信息，引发媒体广泛关注。该条清算信息系企查查抓取自全国企业信用公示系统的公共数据，但系蚂蚁微贷 2014 年企业年度报告出现的历史信息。首先，从“合法性”角度看，本案中原、被告公司同处于企查查大数据平台构建的数据生态系统中，蚂蚁微贷系原始数据主体，朗动公司通过国家企业信用信息公示系统抓取蚂蚁微贷的企业信息，虽然数据本身来源于公共数据，但是信息的发布和推送行为应当保持与蚂蚁微贷企业信息的一致性，不应因数据来源的公共属性，而损害数据原始主体的商业利益，不具有合法性。其次，从“正当性”角度来看，企查查平台提供的企业数据信息直接指向原始数据主体，基于征信大数据生态系统中数据与数据源之间的联系并未切断的特殊性，企查查平台提供的企业信息查询功能与原始数据主体之间具有唯一的对应关系。这种基于同一数据生态系统中的数据与信息的对应关系，将对蚂蚁微贷的市场竞争利益带来影响，并集中体现在蚂蚁微贷的商誉权上。商誉是经营者在经营过程中通过经营行为累积的社会整体评价，体现了经营者与消费者之间的信任关系，从这个角度讲，商誉具有财产属性，良好的声誉能够为经营者带来经济利益和竞争优势。由于信息发布行为造成的认识错误将导致用户企业或个人在交易时对其他经营者的经营状况、关联关系等产生错误的认识，无故减少其他经营者的交易机会、或增加经营者的交易成本和负担。朗动公司的行为损害了以信用为基础的市场竞争秩序，因此不具有正当性。

此外，本条属于不完全法条，在法律责任部分并没有对应的特别责任规定，这与《网络安全法》第 44 条[②]禁止对信息的非法活动相关规定的条

① 杭州互联网法院 2020 年度知识产权司法保护十大案例之二。

② 《网络安全法》第 44 条：“任何个人和组织不得窃取或者以其他非法方式获取个人信息，不得非法出售或者非法向他人提供个人信息。”

文结构相似。因此需要依据法律责任部分的转接规定，作为确立一种法定义务的基础规范链接其他法律的适用。[①]

【关联规定】

本法第 51 条、第 52 条，《中华人民共和国民法典》第 1035 条，《中华人民共和国网络安全法》第 41 条、第 44 条

（撰稿人：程喆、赵精武）

第三十三条　【数据中介服务机构的义务】 从事数据交易中介服务的机构提供服务，应当要求数据提供方说明数据来源，审核交易双方的身份，并留存审核、交易记录。

【释义】

本条是关于数据中介服务机构义务的规定。

规范、活跃的数据交易离不开交易平台、数据中间商等交易中介服务机构的参与和支持。基于交易层面数据的特殊性，其交易过程需要借助特殊的平台来实现，也就是必须以平台为中心进行交易，促成、公示并监管数据交易的过程，而这正是大数据流通和交易的中枢所在。[②] 从美国等数据交易较为活跃的国家和地区来看，数据中间商对数据的高效流转起到了十分重要的作用。[③] 就此而论，本法第 19 条提出的“规范数据交易行为”首先即应集中体现在加强对数据交易中介服务机构服务行为的规范和监管上。

---

① 龙卫球：《我国网络安全管制的基础、架构与限定问题——兼论我国〈网络安全法〉的正当化基础和适用界限》，载《暨南学报（哲学社会科学版）》2017 年第 5 期。

② 张敏：《大数据交易的双重监管》，载《法学杂志》2019 年第 2 期。

③ ［日］城田真琴：《数据中间商》，邓一多译，北京联合出版公司 2016 年版，第 172 ~184 页。

本条结合既有数据交易实践，对数据中介服务机构在数据交易过程中应负的义务作出规定，为中介服务机构依法参与数据交易提供了较为明确的指引。依据本条的规定，数据中介服务结构的义务主要包括：

第一，要求数据提供方说明数据来源的义务。从数据与信息的基本关系来看，数据的来源首先决定着数据的质量。数据则在计算机及网络中流通以二进制数字代码 0 和 1 组合而成比特流。[①] 从技术角度来看，由信息到数据，需经过摄像头、麦克风等传感设备的感应和相应程序的编码过程。其中，感应对象的信息和数据采集的手段都将较大程度上决定着数据的品质。其次数据来源的合法是数据提供方对交易数据取得财产权的基本前提。提供方须确保数据采集行为具有明确的法律授权或已获得相应信息主体或数据的同意，方可就其提供的数据享有受法律保护的财产权。就此而论，数据来源说明首先应是数据提供方就其所提供数据应当承担的质量和权利瑕疵担保义务而引申的必要义务。本条将此项义务同时赋予交易中介服务机构，主要是考虑到数据交易的特殊性以及中介服务机构在其中实际起到重要作用，本条要求其在交易中，不仅需依据《民法典》第 962 条的规定，承担积极的撮合义务，同时应对拟交易的数据负担更为积极的调查义务。结合交易实践，中介服务机构在数据交易中应当要求数据提供方就数据的来源，包括数据所记录的信息内容、数据的采集方法、数据采集的授权情况，作出较为明确的说明，以便数据需求方对数据质量和权利情况形成较为清晰的认知，不但有利于减少数据交易纠纷，对避免因数据交易而导致的对其他主体合法权益的侵害亦具有十分积极的意义。

第二，审核交易双方身份的义务。在大数据时代，数据的使用方式具有高度的多元性和不确定性。维克托·迈尔曾以“冰山一角”对当前的数据价值挖掘现状作出比喻。[②] 而随着数据挖掘技术及其应用的不断发展，

---

① See Joshua Fairfield. Virtual Property, . Boston University Law Review, 2005 (87): 1049~1050.

② ［英］维克托·迈尔-舍恩伯格、肯尼思·库克耶：《大数据时代：生活、工作和思维的大变革》，盛杨燕、周涛译，浙江人民出版社 2013 年版，第 159 页。

大数据应用带来的负面影响也在逐渐显露，且不说其给个人隐私和信息的安全造成的巨大威胁，数据歧视、大数据杀熟等问题也已成为数字时代引发社会高度关注和忧虑的问题。而就数据利用的结果而论，其既受数据本身的品质影响，也与数据使用主体的使用能力、使用目的和使用方式密切相关。同一组数据，对不同的使用者具有的价值存在明显差别，数据利用所产生的结果也将存在较大的不同。当数据为持不法目的的使用者获取和使用，则难免存在侵害其他主体合法权益、危害国家安全和公共安全的风险。因此，为防范和减少数据利用所产生的负面影响，在数据交易过程中，强调对数据交易双方资格的审查颇为必要。以实践来看，施行会员制的数据交易平台，如贵阳大数据交易所，已出台专门的《数据交易资格审查办法》，对申请成为交易所会员应具备的条件作出了较为明确的规定；而在部分未实行会员制的交易平台的交易实践中，对交易双方的资格审查亦是其交易规则中较为重要的组成部分。关于审查的内容，本条规定并未详细列举，以数据交易的实践来看，除身份的真实和合法性、信誉和经营历史、自身组织和管理制度等常规内容，对数据提供方数据交易权限和数据需求方获取和使用数据的目的、方式等方面的审查，也是数据交易中介服务机构对交易双方身份进行审核时应当重点关注的问题。

第三，留存审核、交易记录的义务。在以往的交易实践中，留存审核、交易记录是明晰各方责任，减少纠纷处理时举证困难的重要手段。对此，我国《电子商务法》《金融机构客户身份识别和客户身份资料及交易记录保存管理办法》等皆有明确规定。本条规定以既有规范为借鉴，就数据交易中介服务对留存审核、交易记录作出明确要求，对于完善数据溯源体系，减少数据权属和交易纠纷，具有积极的现实意义。依本条规定的内容来看，中介服务机构留存记录的范围不仅包括数据交易的记录，也包括其对数据和交易双方身份的审查记录。以其实际效果来看，此项规定对敦促中介服务机构尽责履行前两项义务具有积极的推动作用。至于相关记录的存留时间，本条规定并未明确说明，按照《金融机构客户身份识别和客户身份资料及交易记录保存管理办法》第 29 条的规定，金融机构对客户身份资料的保存期限为自业务关系结束当年或者一次性交易记账当年计起至少保存 5 年；交易记录则是自交易记账当年计起至少保存 5 年。根据《电子商务法》第 31 条的规定，商品和服务信息、交易信息保存时间自交易完成之日起不少于 3 年。鉴于数据交易本身的复杂性及其涉及利益主体的广泛性，对交易相关记录的存留时间应当作更长要求，具体期限尚待相关法律、行政法规结合数据交易的实际需要和记录保存成本方面的因素综合考虑，作出统一规定。

此外，本法第 47 条还对中介服务机构违反本条规定义务的法律责任作出明确规定。根据该条规定，从事数据交易中介服务的机构未履行本条规定的义务的，由有关主管部门责令改正，没收违法所得，处违法所得一倍以上十倍以下罚款，没有违法所得或者违法所得不足十万元的，处十万元以上一百万元以下罚款，并可以责令暂停相关业务、停业整顿、吊销相关业务许可证或者吊销营业执照；对直接负责的主管人员和其他直接责任人员处一万元以上十万元以下罚款。而从数据交易的实践来看，除以上行政责任外，中介机构怠于履行本条规定的义务给相关民事主体的合法权益造成不应有的损害的，也应对后者承担相应的民事赔偿责任：一方面，在数据交易的结构中，本条对中介服务机构义务的规定应当属于其对数据提供方和需求方应负的合同义务的范畴，因中介服务机构怠于履行本条规定的义务导致数据提供方或需求方合同利益损害时，自应依据中介合同的约定承担相应的违约责任。另一方面，基于数据交易较强的外部性，要求数据提供方说明数据来源的义务和审核交易双方身份的义务本身亦实际包含保护其他民事主体合法权益的目的内涵，因此，交易双方以外的其他民事主体合法权益因数据交易行为遭受损害时，中介服务机构怠于履行本条审查义务的，也应依据《民法典》关于共同侵权的规定，对受损害的民事主体承担相应的赔偿责任。

【关联规定】

《中华人民共和国民法典》第961～966条，《中华人民共和国电子商务法》第31条、第53条

（撰稿人：雷震文）

第三十四条 【依法取得行政许可的义务】法律、行政法规规定提供数据处理相关服务应当取得行政许可的，服务提供者应当依法取得许可。

【释义】

本条规定了数据处理相关服务提供者依法取得行政许可的义务。

《数据安全法（一审稿）》第31条规定："专门提供在线数据处理等服务的经营者，应当依法取得经营业务许可或者备案。具体办法由国务院电信主管部门会同有关部门制定。"在表述上将规范范围限制在了电信业务上的行政许可或备案要求，一方面《电信业务分类目录（2015年版）》将"在线数据处理服务"[①] 归为"增值电信服务"的一个种类，另一方面在具体规则的制定主体上，该条规定为国务院电信主管部门。由此可见，《数据安全法（一审稿）》第31条实际脱胎于《电信条例》第7条"国家对电信业务经营按照电信业务分类，实行许可制度"和第

① 工业和信息化部《电信业务分类目录（2015年版）》中"第二类增值电信业务"B21在线数据处理与交易处理业务："在线数据处理与交易处理业务是指利用各种与公用通信网或互联网相连的数据与交易/事务处理应用平台，通过公用通信网或互联网为用户提供在线数据处理和交易/事务处理的业务。在线数据处理与交易处理业务包括交易处理业务、电子数据交换业务和网络/电子设备数据处理业务。"

9条[1]增值电信业务经营许可和备案的规定。

在整个法律体系内，《数据安全法》是以宪法为上位法的全国人大制定的“基本法律”之外的一般法律，是数据安全领域的最高法。[2] 在规定数据处理相关行政许可要求时，仅针对增值电信业务的某些类型进行规定，既不符合本法的整体定位，也会导致对于其他数据处理活动规范的缺失。因此，在《数据安全法》制定过程中，本条有较大改动，不再强调专门提供在线数据处理等服务的经营者的许可或备案要求。《数据安全法（二审稿）》将条文规范主体由“专门提供在线数据处理等服务的经营者”扩展到“法律、行政法规规定应当取得行政许可的数据处理服务提供者”，删除了具体办法制定主体的要求，这并非对数据处理服务资格放宽了要求，而是从立法技术层面考虑为电信业务以外的数据处理服务的行政许可留出了规范空间。正式通过的《数据安全法》延续了《数据安全法（二审稿）》中的表述，明确了服务提供者从事有关数据处理活动的法定义务，体现了《数据安全法》与现有法律、行政法规的衔接。

对于本条的理解需要明确以下两个要点。

第一，本条对数据行业的准入监管仅作原则性规定。《数据安全法（一审稿）》针对专门提供在线数据处理等服务的经营者的许可和备案要求，给行业内的数据服务提供者带来了不小的困惑和担忧。修改后的条文将行业准入监管与其他法律法规规定的涉及不同行业市场准入的行政许可要求相衔接，也为未来随时制定或放宽市场准入的方式和条件预留了空间。此外，新规也不再局限于由国务院电信主管部门会同有关部门制定。

---

① 《电信条例》第9条：“……经营增值电信业务，业务覆盖范围在两个以上省、自治区、直辖市的，须经国务院信息产业主管部门审查批准，取得《跨地区增值电信业务经营许可证》；业务覆盖范围在一个省、自治区、直辖市行政区域内的，须经省、自治区、直辖市电信管理机构审查批准，取得《增值电信业务经营许可证》。运用新技术试办《电信业务分类目录》未列出的新型电信业务的，应当向省、自治区、直辖市电信管理机构备案。”

② 翟志勇：《数据安全法的体系定位》，载《苏州大学学报（哲学社会科学版）》2021年第1期。

由此可见，未来数据处理相关服务的市场准入监管将不仅局限在电信行业主管部门。企业判断数据处理服务是否需要取得行政许可，需要结合现行与行业相关的法律、法规的规定，避免违规经营的风险。

第二，服务提供者违反“依法取得行政许可”义务的法律后果依据特别法规定。《数据安全法（一审稿）》第 44 条规定：“未取得许可或者备案，擅自从事本法第三十一条规定业务的，由有关主管部门责令改正或者予以取缔，没收违法所得，处违法所得一倍以上十倍以下罚款；没有违法所得的，处十万元以上一百万元以下罚款；对直接负责的主管人员和其他直接责任人员初一万以上十万以下罚款。”在法律后果上借鉴了《电信条例》第 69 条[①]的规定并增加了直接责任人员的处罚。《数据安全法（二审稿）》中直接删除了该条款，处罚不再“一刀切”，不再在《数据安全法》中对违反“依法取得行政许可”义务的法律后果进行直接规定，而是采用与现有法律、行政法规衔接的立法技术进行处理。例如，“在线数据处理服务经营者”违反依法取得行政许可义务，应当依据《电信条例》第 7 条第 3 款和第 69 条的规定承担法律后果；“申请设立经营个人征信业务的征信机构”违反《征信业管理条例》第 7 条规定的取得个人征信业务经营许可义务，按照该条例第 36 条[②]规定承担法律后果。此外，在现行法律、行政法规未对违反取得行政许可义务的法律后果进行特别法规定时，应当以《行政许可法》第 81 条[③]作为兜底性条款。

综上所述，《数据安全法》注重与现行法律法规规范的衔接，为后续数

① 《电信条例》第 69 条：“违反本条例规定，有下列行为之一的，由国务院信息产业主管部门或者省、自治区、直辖市电信管理机构依据职权责令改正，没收违法所得，处违法所得 3 倍以上 5 倍以下罚款；没有违法所得或者违法所得不足 5 万元的，处 10 万元以上 100 万元以下罚款；情节严重的，责令停业整顿：（一）违反本条例第七条第三款的规定或者有本条例第五十八条第（一）项所列行为，擅自经营电信业务的，或者超范围经营电信业务的……”

② 《征信业管理条例》第 36 条：“未经国务院征信业监督管理部门批准，擅自设立经营个人征信业务的征信机构或者从事个人征信业务活动的，由国务院征信业监督管理部门予以取缔，没收违法所得，并处 5 万元以上 50 万元以下的罚款；构成犯罪的，依法追究刑事责任。”

③ 《行政许可法》第 81 条：“公民、法人或者其他组织未经行政许可，擅自从事依法应当取得行政许可的活动的，行政机关应当依法采取措施予以制止，并依法给予行政处罚；构成犯罪的，依法追究刑事责任。”

据交易的准入预留了空间，后续可能会在多行业、多领域对市场准入等环节加强监管，通过特别法的规定进一步完善数据处理服务提供者依法取得行政许可的法定义务。

【关联规定】

《中华人民共和国行政许可法》第81条，《中华人民共和国电信条例》第7条

（撰稿人：程喆）

第三十五条　【国家机关有权依法调取数据】 公安机关、国家安全机关因依法维护国家安全或者侦查犯罪的需要调取数据，应当按照国家有关规定，经过严格的批准手续，依法进行，有关组织、个人应当予以配合。

【释义】

本条规范的是特定国家机关基于国家安全或者犯罪侦查需要所开展的数据调取活动。

本条于《数据安全法（草案）》征求意见稿中设立，相关表述一直延续至最终版本。该条文由于直接关系到国家安全及犯罪侦查中的执法活动，因此需要结合《国家安全法》以及《刑事诉讼法》相关规定进行理解。

无论是基于《国家安全法》还是《刑事诉讼法》，公安机关、国家安全机关均有权向有关组织或个人收集信息或调取证据。例如，根据《国家安全法》，国家安全机关、公安机关、有关军事机关有权依法搜集涉及国家安全的情报信息（第52条），公民和组织应当如实提供所知悉的涉及危

害国家安全活动的证据，为国家安全工作提供便利条件和协助，并向国家安全机关、公安机关和有关军事机关提供必要的支持和协助（第 77 条）。与之相似地，《刑事诉讼法》也明确授权公安机关向有关单位和个人收集、调取证据，有关单位和个人负有如实提供证据的义务（第 54 条）；同时，国家安全机关、军队保卫部门、中国海警局和监狱也对各自职权范围内的刑事案件行使相同侦查权（第 4 条、第 308 条）。上述条文中规定的“情报信息”和“证据”当然包含数据。[①] 此外，《网络安全法》也明确要求网络运营者为公安机关、国家安全机关依法维护国家安全和侦查犯罪的活动提供技术支持和协助（第 28 条）。

因此，如果单纯从本条的条文表述来看，其一方面是对公安机关、国家安全机关已有职权的重申，另一方面是对有关单位或个人已有协助执法义务的重申。唯一与现有相关法律规定相区别的是，本条强调调取数据需要“经过严格的批准手续”，这也是理解这一条文的重点。

对于如何理解调取数据“经过严格批准手续”，存在两种不同观点。一种观点认为，该“严格批准手续”借用的是《刑事诉讼法》对于技术侦查的程序性表述（第 150 条），对应的是与技术侦查相同程度的审批程序。另一种观点则认为，该表述是对于调取行为合法性的强调，其对应的是公安机关、国家安全机关在各自职权范围内所应遵守的审查机制和批准手续。

对此，第一种观点在刑事诉讼现有法律制度和司法实践中存在较大局限性，具体表现在以下几个方面。

首先，将技术侦查程序的门槛套用于数据调取，与调取措施的法律定性不相符。调取作为电子数据取证的主要措施之一，现有规则一般将其定性为任意性侦查措施[②]，其与干预公民权利较强的技术侦查措施之间存在

---

① 就刑事诉讼制度而言，2012 年《刑事诉讼法》修订时已经明确将电子数据列为法定证据种类之一，因此犯罪侦查收集、提取的证据当然包含电子数据。

② 这里是指《刑事诉讼法》及相关法律规定的现有观点，但调取措施是否应当被概括性地定性为任意性侦查措施，本身存在争议。参见裴炜：《论个人信息的刑事调取：以网络信息业者协助刑事侦查为视角》，载《法律科学》2021 年第 3 期。

性质差异。例如，根据公安部《公安机关办理刑事案件程序规定》，立案前的调查核实阶段，公安机关可以采取“询问、查询、勘验、鉴定和调取证据材料等不限制被调查对象人身、财产权利的措施”，并且明确“不得采取技术侦查措施”（第 174 条第 2 款）。当前司法实践中，向有关组织和个人调取数据不仅在刑事立案后使用，也已经成为侦查机关收集犯罪线索、判断案件是否达到立案标准的重要手段，其明显与技术侦查措施的定性不相符。

其次，将技术侦查程序门槛套用于数据调取，二者在适用范围上不相符。根据《刑事诉讼法》第 150 条第 1 款的规定，技术侦查措施仅限于“危害国家安全范围、恐怖活动犯罪、黑社会性质的组织犯罪、重大毒品犯罪或者其他严重危害社会的犯罪案件”。关于哪些案件属于“其他严重危害社会的犯罪案件”，《公安机关办理刑事案件程序规定》第 263 条第 1 款将其限定为：故意杀人、故意伤害致人重伤或者死亡、强奸、抢劫、绑架、放火、爆炸、投放危险物质等严重暴力犯罪案件；集团性、系列性、跨区域性重大犯罪案件；利用电信、计算机网络、寄递渠道等实施的重大犯罪案件，以及针对计算机网络实施的重大犯罪案件；其他依法可能判处七年以上有期徒刑的严重危害社会的犯罪案件。相较而言，数据调取不仅适用于上述严重犯罪案件，还适用于一般普通刑事案件，其与技术侦查在范围上明显不契合。

再次，将技术侦查程序门槛套用于数据调取，其与电子数据及时取证需求不相符。根据《公安机关办理刑事案件程序规定》，技术侦查的“严格批准手续”体现为其需经设区的市一级以上公安机关负责人批准并由其实施（第 264 条、第 265 条）。电子数据本身具有易灭失的特性，如果不区分调取情形一概要求适用技术侦查的“严格批准手续”，将严重妨碍电子数据的及时收集、提取，进而妨碍犯罪侦查活动的顺利进行。在网络犯罪已然成为主流犯罪之一、电子数据成为新的“证据之王”的大背景下，这种程序设置明显与打击犯罪的现实需求不相符，更不用提基于国家安全考量的情报信息收集情境。

最后，将技术侦查程序门槛套用于数据调取，其与技侦措施类型不相符。技术侦查措施之所以受到严格的程序性限制，在于其对于公民权利的干预程度非常高。这种高强度干预主要表现在三个方面。第一，技术侦查措施主要是指动态监控措施，如记录监控、行踪监控、通信监控、场所监控等[①]，是针对未来动态生成的证据材料的持续收集，这与针对已经形成并固定下来的静态证据材料的收集具有本质区别，前者更难以事前判断和限定其范围和强度。第二，技术侦查措施的适用对象不仅包括犯罪嫌疑人、被告人，还包括与犯罪活动直接关联的人员[②]，牵涉的公民范围远超于一般侦查取证措施。第三，相对于一次性取证措施，技术侦查措施实施时间较长，每次签发批准均可持续三个月，之后可以多次延长，每次延长三个月[③]，这种强度也比一般性的侦查措施更高。而数据调取针对的是已经处于存储状态的过往静态数据[④]，由办案部门负责人批准并开具《调取证据通知书》即可[⑤]，其无论是在措施类型还是对公民权利的干预强度上均与技术侦查不相符。

基于上述考量，本条规定的“严格的批准手续”不宜机械地等同于《刑事诉讼法》项下技术侦查措施中的程序性要求；第二种理解更具有合理性和可行性。《数据安全法》之所以强调数据调取中的“严格批准手续”，其理解应当回归到本法的立法目的中去。全国人大法工委在对《数据安全法（草案）》进行说明时特别提到，“起草工作……坚持包容审慎原则，鼓励和促进数据依法合理有效利用……重点是确立数据安全保护管理各项基本制度”。[⑥]该原则也体现在本法第1条之中，即“规范数据处理活动，保障数据安全，促进数据开发利用，保护个人、组织的合法权

① 《公安机关办理刑事案件程序规定》第264条第1款。

② 《公安机关办理刑事案件程序规定》第264条第2款。

③ 《公安机关办理刑事案件程序规定》第266条。

④ 根据公安部《公安机关办理刑事案件电子数据取证规则》，如果是对动态数据的未来面向的持续性提取，则一般落入“网络在线提取”措施，涉及技术侦查措施的，适用技术侦查相关规定。

⑤ 《公安机关办理刑事案件电子数据取证规则》第41条第1款。

⑥ 刘俊臣：《关于〈中华人民共和国数据安全法（草案）〉的说明》，载中国人大网，http://www.npc.gov.cn/npc/c30834/202106/2ecfc806d9f1419ebb0392ae72f217a.shtml，2021年6月13日访问。

益，维护国家主权、安全和发展利益”，核心在于维护数据这种国家性基础战略资源的整体安全。[①]

以《数据安全法》基本立法目的为出发点，可以从以下三个层面理解本条的定位和功能。

第一，强调数据调取中的数据安全保障义务。公安机关和国家安全机关在向有关组织和个人调取数据时，不可避免地发生数据的传输和处理。由于国家安全和犯罪侦查活动往往涉及个人信息或其他重要数据，这种数据调取中的安全保障就尤为重要，无论是调取数据的国家机关还是协助数据调取的组织和个人，都有义务在这一过程中保障数据的安全，避免因调取活动而产生数据泄露、损毁、灭失以及进而损及国家安全、社会安全或公民权利的情况发生。从这个角度理解，本条项下有关组织和个人的义务不仅包括协助国家安全机关和侦查机关执法，还包括在协助过程中履行数据安全管理义务。

第二，强调数据调取应当有正当性基础和明确边界。国家安全机关和侦查机关在调取数据时不仅应当进行形式审查，还应当进行实质审查，依据比例原则的基本要求，从适当性、必要性和均衡性三个阶层对调取措施予以审查，一方面限定数据调取范围，另一方面区分不同类型的个人信息以匹配相应的调取程序限制。

第三，强调国家安全和犯罪侦查措施与数字经济发展相兼容。数字经济发展离不开良好的营商环境，而国家安全和刑事司法环境同样是营商环境。当前调取措施主要针对的网络信息业者也是数字经济发展的主力军。调取措施一方面应当考虑网络信息业者的协助能力，避免其因协助执法承担过重或不当负担；另一方面应当考虑协助执法义务与网络信息业者所承担的其他法律义务的兼容关系，避免因法律义务冲突而造成其合规困境。

---

① 刘俊臣：《关于〈中华人民共和国数据安全法（草案）〉的说明》，载中国人大网，http：//www. npc. gov. cn/npc/c30834/202106/2ecfc806d9f1419ebb0392ae72f217a. shtml，2021 年 6 月 13 日访问。

【关联规定】

《中华人民共和国国家安全法》第 42 ~ 43 条、第 52 条、第 77 条，《中华人民共和国网络安全法》第 28 条、第 30 条、第 41 条、第 45 条、第 73 条，《中华人民共和国刑事诉讼法》第 54 条，《中华人民共和国监察法》第 25 条，《中华人民共和国电子商务法》第 25 条

（撰稿人：裴炜、周子琪）

第三十六条　【外国司法或执法机构关于提供数据请求的处理规则】 中华人民共和国主管机关根据有关法律和中华人民共和国缔结或者参加的国际条约、协定，或者按照平等互惠原则，处理外国司法或者执法机构关于提供数据的请求。非经中华人民共和国主管机关批准，境内的组织、个人不得向外国司法或者执法机构提供存储于中华人民共和国境内的数据。

【释义】

本条对向外国司法或者执法机构提供数据进行了规定。

前半部分规定在符合有关法律和中华人民共和国缔结或参加的国际条约、约定，或者在遵从平等互惠原则基础上，中华人民共和国主管机关可以处理外国司法或者执法机构关于提供数据的请求。后半部分从反面规定在未经主管机关批准的情况下，任何境内的组织和个人都不得向外国司法或者执法机构提供储存于中华人民共和国境内的数据。

《数据安全法（草案）》第 33 条规定，境外执法机构要求调取储存于中华人民共和国境内的数据的，有关组织、个人应当向有关主管机关报告，获得批准后方可提供。中华人民共和国缔结或者参加的国际条约、协

定对外国执法机构调取境内数据有规定的，依照其规定。《数据安全法》相较于草案有一些变化，一是在境外的数据请求主体上，草案规定的是执法机构，而在《数据安全法》中增加了司法机构，扩大了主体范围；二是在处理境外相关机构关于提供数据的请求时，草案规定按照中华人民共和国缔结或者参加的国际条约、协定来进行处理，而在《数据安全法》中，增加了平等互惠的原则。

可以从以下几个方面来理解该法条：

（一）批准主体是中华人民共和国主管机关

批准的主体是中华人民共和国主管机关，并未详细阐明是何机关。我国《网络安全法》第 8 条规定，国家网信部门负责统筹协调网络安全工作和相关监督管理工作。国务院电信主管部门、公安部门和其他有关机关依照本法和有关法律、行政法规的规定，在各自职责范围内负责网络安全保护和监督管理工作。县级以上地方人民政府有关部门的网络安全保护和监督管理职责，按照国家有关规定确定。基于此，《数据安全法》中关于网络数据安全的主管机关也是国家网信部门，一般是指中共中央网络安全和信息化委员会，办事机构是中央网络安全和信息化委员会办公室。对于境外执法和司法机构发来的请求，以及境内任何组织和个人所来的向境外传输重要数据的请求，都需要由国家主管机关进行批准。

（二）批准的对象是境外的执法和司法机构关于提供数据的请求

本法所称的数据，是指任何以电子或者其他方式对信息的记录。本条所规范的，是境外的执法机构和司法机构想要得到的数据，也就是与境外执行公务或者与境外诉讼有关的数据，这些数据都是重要数据，通常涉及国家重要利益，所以必须经过主管机关的批准，才可以向外国执法和司法机构提供我国境内的数据，不可以擅自将这些数据流出境外。

（三）批准的依据

主管机关在决定是否批准以及如何批准向境外司法、执法机构提供数据时，应当根据有关法律和中华人民共和国缔结或者参加的国际条约、协定，或者按照平等互惠原则，这里共列举三类依据：一是中华人民共和国有关法律，如本法第 2 条规定的，中华人民共和国境外的组织、个人开展数据活动，损害中华人民共和国国家安全、公共利益或者公民、组织合法权益的，依法追究法律责任。二是中华人民共和国缔结或者参加的国际条约、协定，如《区域全面经济伙伴关系协定》（RCEP）第十二章中，要求缔约方为电子商务创造有利环境，保护电子商务用户的个人信息，为在线消费者提供保护，并针对非应邀商业电子商业电子信息加强监管和合作。三是按照平等互惠原则，平等互惠原则是国际私法的基本原则之一，在指定、运用和解释国际私法规范时，要求贯彻法律上平等、经济上互惠的精神，否则，相互之间就不可能顺利地进行民事交往，经济、技术、文化和人员的交流，就不可能有互惠对等的交往。中国在涉外立法和实践中，一贯遵守并坚持这一原则。这也是国与国之间处理对外关系时必须要遵守的共同原则。

（四）报批义务

报批义务的主体是境内的组织和个人，只要是有可能向境外提供重要数据的主体，包括关键信息基础设施运营者、其他数据处理者，以及拥有重要数据的任何主体，非经我国主管机关批准，都不得向国外司法或者执法机构提供储存于我国境内的数据，为进一步加强重要数据的出境安全管理提供了有力的依据。

【关联规定】

本法第 48 条，《中华人民共和国网络安全法》第 37 条、第 50 条、第 66 条，《中华人民共和国刑法》第 219 条、第 253 条、第 398 条，《中华人民共和国国际刑事司法协助法》第 4 条，《中华人民共和国民事诉讼法》第 277 条

（撰稿人：崔馨元）

第五章　政务数据安全与开放

第三十七条　【政务数据运用的目标和要求】 国家大力推进电子政务建设，提高政务数据的科学性、准确性、时效性，提升运用数据服务经济社会发展的能力。

【释义】

本条规定了国家大力推进电子政务建设和运用政务数据的目标，对提升政府数据治理能力提出要求。

《数据安全法》首次在法律中明确支持、鼓励政务数据的开发利用，将国家大数据战略和国务院《促进大数据发展行动纲要》以及相关部委的规范性文件上升为国家法律，以进一步提升相关政策的法律位阶和法律效力。

《2020 联合国电子政务调查报告》显示，全球电子政务整体发展水平不断提升，126 个成员国电子政务发展水平处于“高”或“非常高”级别，比 2018 年增加了 15 个国家。从全球范围来看，世界各国电子政务发展持续推进，越来越多的国家正在大力推进数字政府战略，以数据为中心，强化电子参与，整合线上和线下渠道，提升以人为本的数字政务服务能力。报告数据显示，我国电子政务发展指数从 2018 年的 0.6811 提高到 2020 年的 0.7948，排名比 2018 年提升了 20 位，取得历史新高，达到全球电子政务发展“非常高”的水平。[①] 2021 年 4 月，国务院《2021 年政务公

---

① 《〈2020 联合国电子政务调查报告〉解读》，载中国电子政务网，http：//www. e－gov. org. cn/article－173572. html，2021 年 6 月 12 日访问。

开工作要点》中提出“坚持以人民为中心深化政务公开，充分发挥政务公开在建设法治政府、服务型政府等方面的促进作用，加快转变政府职能，推动政府决策和管理服务更加透明规范”。[①]

在坚持和完善中国特色社会主义制度、推进国家治理体系和治理能力现代化进程中，发展电子政务是国家治理能力现代化的重要支撑和保障。随着政府数据应用的不断深化，政府开展了利用数据治理框架和以数据为中心的电子政务战略，提升政府的数据治理能力对于提高政府决策科学化水平、促进跨部门信息共享和业务协同、增强政府危机管理能力、提升政府公共服务水平以及促进政府管理的开放透明等方面具有重要意义。

国家大力推进电子政务建设对政务数据发展提出了明确要求。政务数据，是指政府在履行职责过程中制作或获取的数据，也称为政务数据、公共数据或公共信息资源。[②] 本条明确政府数据发展应当提高科学性、准确性和时效性。科学性强调在政务数据处理各环节的科学性，既要保证政务数据本身是科学的，也要求以科学方法和专业手段对政务数据进行开发和利用。准确性主要强调政务数据不仅应当真实，还应当准确、客观、全面，政务数据的准确性是大数据分析利用有效性的基础和前提。《政府信息公开条例》中对于信息公开处理期限有严格的时间规定，要求政府相关部门及时回应公众信息公开需求，提高工作效率和水平。

随着政务数据开发利用的不断推进，全国一体化数据共享交换平台逐步建成，数据迅速成为一种重要资源，政府需要不断提升运用数据服务经济社会发展的能力，充分发掘利用数据资源的价值。2020 年发布的《中共中央、国务院关于构建更加完善的要素市场化配置体制机制的意见》，首次将数据同土地、劳动力、资本、技术等传统要素并列作为新

---

① 《国务院办公厅关于印发2021 年政务公开工作要点的通知》（国办发〔2021〕12 号），载中国政府网，http：//www. gov. cn/zhengce/content/2021 - 04/23/content_ 5601602. htm，2021 年 6 月 12 日访问。

② 刘权：《政府数据开放的立法路径》，载《暨南学报（哲学社会科学版）》2021 年第 1 期。

生产要素，并明确要求“推进政府数据开放共享”。[①]《二十国集团数字经济发展与合作倡议》提出“数字经济是全球经济增长日益重要的驱动力”。发展数字经济离不开数据，以数据作为关键生产要素是数字经济最鲜明的特点。[②] 可见，大数据已经成为推动经济高质量发展的新动能。在国家治理体系现代化和治理能力现代化的大背景下，政务数据作为现代化治理的一项重要资源，应用得当可以为服务经济社会发展赋能增效。

在我国，随着电子政务的不断发展，数据运用对经济社会发展的服务能力愈加明显，在医疗、教育、社会安全等多个方面有所体现，如2020年12月国家医保服务平台网站正式开通了跨省异地就医全国自助查询服务，提供了参保缴费、信息查询、待遇申请、业务经办等多种实用便捷的线上服务；中国高等教育学生信息网站开通学历查询系统、在线验证系统、硕士研究生网上报名和录取检查系统、硕士研究生招生调剂服务系统、学历认证网上办公系统等20余个信息系统，实现了全国高等教育信息的一站式查询；国家一体化电子证照共享服务系统梳理了各地区各部门证照类型897种，已汇聚861种，占比96%，证照目录总量达31.5亿条，为电子证照“一个证照、全国互认”提供了数据基础支撑。[③]

当今世界各国政府正在积极利用信息技术创新地转变政府管理和服务方式，通过电子政务的创新发展促进服务型政府建设，提升公共服务效能，实现经济社会可持续发展已成为世界各国的普遍共识。我国在强化政务数据有序开放的同时，也应注重开放效率与安全的平衡。在数据安全保障的大前提下，《数据安全法》明确了政务数据以公开为原则、不公开为

---

① 《〈关于构建更加完善的要素市场化配置体制机制的意见〉印发——引导要素向先进生产力集聚》，载中国政府网，http：//www.gov.cn/zhengce/2020-04/10/content_5500740.htm，2021年6月12日访问。

② 刘权：《网络平台的公共性及其实现———以电商平台的法律规制为视角》，载《法学研究》2020年第2期。

③ 《〈2020联合国电子政务调查报告〉解读》，载中国电子政务网，http：//www.e-gov.org.cn/article-173572.html，2021年6月12日访问。

例外的基本理念。既要加快实现一体化平台所需数据按要求互通共享，建立权威高效的数据共享协调机制，提高政务数据的科学性、准确性、时效性，也要关注政务数据开放带来的法律风险，以《数据安全法》为指导明确政府数据开放范围与标准，建立数据开放保密审查和安全管理法律制度，规范数据开放平台建设与管理，明晰政府数据开放的法律责任，为社会公众通过政府数据的再开发提供权威的法律依据①，为提升运用数据服务经济社会的能力提供法律保障。

【关联规定】

《中华人民共和国数据安全法》第 38 ~ 42 条，《关键信息基础设施安全保护条例》第 48 条

（撰稿人：程喆、赵精武）

第三十八条　【国家机关收集、使用数据的基本原则】 国家机关为履行法定职责的需要收集、使用数据，应当在其履行法定职责的范围内依照法律、行政法规规定的条件和程序进行；对在履行职责中知悉的个人隐私、个人信息、商业秘密、保密商务信息等数据应当依法予以保密，不得泄露或者非法向他人提供。

【释义】

本条的规范对象是国家机关收集、使用数据的行为，这也是我国首次在法律层面明确对政务数据的收集和使用行为进行规定，先前的立法尝试

① 何渊：《政府数据开放的整体法律框架》，载《行政法学研究》2017 年第 6 期。

则散见于地方各省市制定的地方性法规。① 这一条文的意义在于：作为原则性规定，在观念上宣示了国家机关收集、使用数据应当依法进行，并且要限定在履行法定职责的范围内；同时将政务数据的收集和使用行为纳入《数据安全法》的规范体系内，进一步强化了政务数据的数据安全面向。相较于本法历次审议稿，本条增设了“对在履行职责中知悉的个人隐私、个人信息、商业秘密、保密商务信息等数据应当依法予以保密，不得泄露或者非法向他人提供”，该句重点强调了国家机关的数据保密义务，进一步强化了对国家机关收集和使用数据的制度约束，有利于推动国家机关不断提高数据安全能力和水平。

进入大数据时代以来，数据日益成为网络空间中最为重要的战略性资源，也成为人工智能等前沿技术得以进步和迭代的基础性资源。集成海量数据而生成的大数据广泛应用于社会生活各个方面，在应用价值和经济社会效益中都溢出了巨大红利，其中一个表现就是政府在重大活动决策、精准监管、科学立法等行政活动过程中，也开始应用大数据以提升行政管理民主化和科学化，提升公共政策合理性和有效性。② “作为社会管理和公共服务的提供部门，收集数据、使用数据，是自古以来全世界政府都在普遍采用的做法。”③ 有学者总结，大数据将在四个方面有效提升政府治理能力：1. 大数据技术可以增强政府决策过程的现代化和科学化，提高政府的

---

① 例如，2017 年 5 月 1 日施行的《浙江省公共数据和电子政务管理办法》第 18 条：“公共管理和服务机构应当遵循合法、必要、适度原则，按照法定范围和程序，采集公民、法人和其他组织的数据信息；被采集对象应当配合。公共管理和服务机构因履行公共管理和服务职责，需要采集法律、法规未作规定的数据的，应当取得被采集对象的同意；被采集对象拒绝的，公共管理和服务机构不得采集，并不得因此拒绝履行有关公共管理和服务职责。公共管理和服务机构可以通过共享方式获得公共数据的，不得违反规定通过其他方式重复采集。”2021 年 1 月 1 日施行的《山西省政务数据管理与应用办法》第 10 条第 1 款：“政务服务实施机构采集自然人、法人和非法人组织的数据信息，应当在其履行法定职责的范围内依照法律、行政法规规定的条件和程序进行。”

② 王春福：《大数据与公共政策的双重风险及其规避》，载《理论探讨》2017 年第 2 期。目前，国内也有许多省市开始应用大数据进行监管和决策，如重庆市依托大数据资源，在全国率先探索建立注册登记监测预警机制，对市场准入中的外地异常投资、行业异常变动、设立异常集中等异常情形进行监控；2018 年发布的杭州“城市大脑”2.0 版汇聚了城市交通管理、公共服务、运营商的海量数据，依托自研的飞天计算平台，在历史上首次实现了城市数据的汇聚、融合、计算。

③ 涂子沛：《大数据：正在到来的数据革命》，广西师范大学出版社 2012 年版，第 40 页。

决策水平；2. 大数据技术能够助力政府公共服务高效化，提升政府公共服务能力；3. 大数据技术可以提高政府治理的精准性，使政府更好地履行现代政府职能；4. 大数据技术能够助力政府治理实现多中心协同治理，从而提高政府治理的效能。[①] 以政府决策为例，通过大数据的应用，政府机关不仅能更客观、精确地掌握问题现状，挖掘现象与问题之间的关联性，还可以模拟预测政策措施的施行结果。大数据可以在多方面对政府决策产生影响，包括影响决策目的、决策信息、决策方式、模拟决策拟合方法甚至决策的最终结果[②]，推动政务服务由粗放式供给转向精准化供给。这种在政务活动中运用的大数据，学界通常称其为“政务数据”，即本法第五章标题中的表述。有学者认为，“政务数据”狭义上是指政府所拥有和管理的数据，包含自然信息、社会主体信息、城市建设信息、社会管理信息以及服务与民生消费类信息等；广义上是指政府掌握的数据在公共服务领域的应用实践，即政府将自身的业务数据和收集的外部数据进行汇集、治理，开展数据共享交换、开放、交易以及业务协同等。[③] 总之，以大数据为核心的治理变革，重新建构了政府机关的职能配置、组织体系及运作方式，国务院于2015年发布的《促进大数据发展行动纲要》也指出：“建立‘用数据说话、用数据决策、用数据管理、用数据创新’的管理机制，实现基于数据的科学决策，将推动政府管理理念和社会治理模式进步，加快建设与社会主义市场经济体制和中国特色社会主义事业发展相适应的法治政府、创新政府、廉洁政府和服务型政府，逐步实现政府治理能力现代化。”

如前所述，大数据的生成必然伴随着超强力度和超大规模的数据收集、存储和处理活动，但就现阶段而言，数据产生者（主要是普通用户）

---

① 熊光清：《大数据技术的运用与政府治理能力的提升》，载《当代世界与社会主义》2019年第2期。

② 段忠贤、沈昊天、吴艳秋：《大数据驱动型政府决策：要素、特征与模式》，载《电子政务》2018年第2期。

③ 吴善鹏、李萍、张志飞：《政务大数据环境下的数据治理框架设计》，载《电子政务》2019年第2期。

仍然难以控制自己的数据，数据在流动的过程中易被各类主体为实现特定目的而“悄无声息”地进行收集、存储、处理、使用、交易，进而可能导致数据所承载的信息被滥用或泄露[①]，公民个人生活安宁和个人隐私由此遭到减损，还可能危及社会秩序稳定和国家安全，政务数据的收集和使用过程也并无例外，这也为本条后一句话的增设提供了实践依据。总的来看，政务数据的收集和使用可能引发两个方面的安全问题：一是公民个人隐私安全风险。相较于保护公民通信、住宅、个人生活安宁等内容的传统隐私权，大数据时代的隐私出现了新的类型——整合型隐私，即通过数据挖掘技术，将人们在网络上留存的数字化痕迹进行有规律整合而生成的隐私，此时“隐私”的内涵已超越了个人不愿被他者干涉或侵入的私密领域，而拓展为收集、使用与控制数据的权益。[②] 但是，大数据带来的技术复杂性不仅使得以往行之有效的隐私保护方式失去了作用，另外，也会导致隐私侵权的后果发生变异，网络空间的可搜索性和永久存续性导致隐私侵权损害的长期化，从而加重损害后果。[③] 此外，在实践中，大数据的一个显著特征就是其价值不仅来源于其基本用途，更多源于其二次利用。[④] 政府对数据的拥有量和公民知情权之间的不对称，使得政务数据的收集和运用相伴随着公民个体对自身数据控制权的逐渐丧失，也对公民隐私权保障提出了更高的要求。还有学者主张，在保护个人数据上，除隐私权外，还应确立个人数据权利，作为与隐私权相并列的一类独立民事权利，用以保护自然人对其个人数据被他人收集、存储、转让和使用过程中自主决定的利益。[⑤] 显然，如果国家机关等公权力组织非法采集和使用公民个人数据，就构成了对这一权利的侵犯。二是社会生活安全和国家安全风险。政

---

① 肖冬梅、文禹衡：《法经济学视野下数据保护的规则适用与选择》，载《法律科学（西北政法大学学报）》2016 年第 6 期。

② 杨建国：《大数据时代隐私保护伦理困境的形成机理及其治理》，载《江苏社会科学》2021 年第 1 期。

③ 徐明：《大数据时代的隐私危机及其侵权法应对》，载《中国法学》2017 年第 1 期。

④ 翁列恩、李幼芸：《政务大数据的开放与共享：条件、障碍与基本准则研究》，载《经济社会体制比较》2016 年第 2 期。

⑤ 程啸：《论大数据时代的个人数据权利》，载《中国社会科学》2018 年第 3 期。

务数据和商业大数据的不同之处在于，政府机关的履职范围涉及社会生活的全部方面，政务数据涉及的则是民生相关的重要数据和个人敏感隐私，数据价值极大。此外，现代政府决策已经逐渐由单个部门拍板定调的方式转变为更为联合的共同决策，数据在多部门、组织之间频繁交换和共享的现象频发，尤其是许多地方政府还在进行扩大数据共享范围的探索，使得数据超范围共享的隐患日益突出。

“可以大规模地、持续地在公共场所获得一个人的照片，而且不需要经过当事人的同意，甚至在当事人不知情的情况下就能获得数据。这种能力，历史上任何力量都未曾具备过。”[①] 面临以上安全风险，继续允许国家机关采集和使用数据，究其根本在于在价值位阶的先后次序上，国家或社会的公共性利益（公共利益或法定职责）大于个体基本数据权益和自由。这一点在欧盟《一般数据保护条例》（GDPR）中也有所体现：第6（1）（f）条规定，为实现数据控制者或第三方合法利益的数据处理应视为合法，但是在该情形下，如果为了保障数据主体的基本自由和权利，并且该保护利益高于数据控制者或第三方追求的合法利益时，则处理行为不合法，除非是公权力机关执行工作任务。[②] 由此，更紧迫和现实的问题就转向了国家机关在何种条件下可以收集和使用数据、收集和使用的方式和程序是怎样的、数据活动的边界在何处等问题。本条正是在这一背景下得以产生。

对于本条的具体内容，应当重点把握以下几点理解。

第一，本条的适用对象是国家机关。“国家机关”并不单指行政机关，司法机关、检察机关、立法机关等均属于国家机关范畴，这些机关收集和使用数据的行为均受到本条调整，而对于一些法律、法规授权的具有管理公共事务职能的组织，则由本法第42条予以规定。

---

① 涂子沛：《大数据：正在到来的数据革命》，广西师范大学出版社2012年版。

② 关于如何在信息处理活动中平衡个人对信息的绝对控制需要信息正当利益的维护和实现，参见商希雪：《超越私权属性的个人信息共享——基于〈欧盟一般数据保护条例〉正当利益条款的分析》，载《法商研究》2020年第2期。

第二，本条规范的是国家机关的数据收集和数据使用行为：

（1）收集数据。对于本条规定“收集”之理解，应当采更广泛的解释路径，包括数据的收集、挖掘、捕获等。国家机关在日常运行过程中，只要是对数据展开收集的活动，无论是主动要求提供、日常获取还是接收数据上报等，均属于本条所指的“收集”。

（2）使用数据。使用是一个内涵较为宽泛的动词，为了充分落实“保障数据安全，促进数据开发利用，保护公民、组织的合法权益，维护国家主权、安全和发展利益”的立法目的，此处的“使用”应可以比照本法在第3条所界定的“数据处理”概念。在数据活动中常见的数据计算、为实现某些目的而进行的数据二次分析、大数据应用、数据维护、数据共享均属于本条所指的“使用”。尤其是近年来，随着我国政府机关逐步从“政府信息公开”向“政府数据开放”探索前进，各地政务数据向社会公众开放的进程逐步加快，使得大量来源分散、内容不一的数据汇集到数据交换共享平台，有学者指出，早在2017年，我国交通运输行业（公路、水路）业务系统就有700多套，其中部级业务系统50多套，有16类数据库，数据项过万，有近30TB的数据（不含巨量的GPS和视频数据）；地方业务系统约600余套，省级层面有300多个数据库，总数据量近900TB（不含海量的视频数据）。[①] 因此，面临政务数据共享活动可能引发的安全风险[②]，政务数据共享活动也应纳入本条射程之内。

第三，本条的规范重心在于将法治主义贯彻到国家机关收集和使用数据活动中，实质上属于落实行政法治的要求，通过行政与法律的一致性而使行政活动得以合法化[③]，结合本条来看，则是两个方面的一致性，即收集和使用数据活动要和该机关法定职责范围相一致，不能出现逾越法定职

---

① 鲍静、张勇进：《政府部门数据治理：一个亟需回应的基本问题》，载《中国行政管理》2017年第4期。

② 关于目前我国政务数据共享开放的发展现状及存在的问题，参见中国信息通信研究院：《政务数据共享开放安全研究报告》，载中国信通院CAICT微信公众平台，http://www.caict.ac.cn/kxyj/qwfb/ztbg/202101/P020210114593587797769.pdf，2021年6月13日访问。

③ 王锡锌：《行政法治的逻辑及其当代命题》，载《法学评论》2011年第2期。

责收集和使用数据的行为；也要与法律、行政法规规定的收集、使用数据条件和程序相一致，违反法定条件和程序的数据收集和使用活动也不属于依法行政，合法性基础不再存在。也就是说，国家机关收集和使用数据应当符合两个条件：一是为履行法定职责，必须与国家机关履职相关联，如疾控部门为防控疫情需要收集公民行程数据，依法对公民姓名、性别、电话号码、身份证号、个人行程轨迹等信息的收集符合“为履行法定职责”的规定，但如果进一步收集公民的教育背景信息、信用记录或基因信息等，则显然和“法定职责”无关；二是依法进行，本条设定的合法性依据是法律和行政法规，部门规章和地方性法规不属此列。但值得商榷的是，“履行法定职责”作为在本条中先后出现两次的重要条件，是否真的足以构成国家机关收集和使用数据的“底线要求”。理论上，我国对于不履行法定职责行政案件具有秩序性审查与合目的性审查两种司法审查模式，有学者通过实证研究发现：我国法院在被告（行政机关）有无法定职责、履行法定职责条件是否成就或有无现实可能以及是否实质履行了法定职责三个方面司法审查标准和强度并不统一。[①] 在这种情况下，将“履行法定职责”上升为一项贯彻到数据收集和使用活动全过程的基本条件，是依法行政的现实需要，但在实践中如何严格把握和落实这一要求，还有赖于出台更为细致的具体规定和司法裁量确立更加统一的审查标准。

第四，本条增设第二句话，显然是为了应对各类数据泄露问题日趋严重的现状。大数据包含大量用户身份信息、属性信息和行为信息，各渠道数据存在交叉检验的可能，极易造成隐私泄露威胁。[②] 本条明确设定国家机关的数据保密义务，且并不限于收集和使用数据过程，对于国家机关在履行职责中所知悉的数据，均应当予以保密。该条列举了四类数据：其一是个人隐私，依照《民法典》第1032条规定，隐私是自然人的私人生活安宁和不愿为他人知晓的私密空间、私密活动、私密信息，此处规定之个

---

① 姜鹏：《不履行法定职责行政案件司法审查强度之检讨》，载《华东政法大学学报》2017年第4期。

② 李源粒：《大数据时代数据犯罪的制裁思路》，载《中国社会科学》2014年第10期。

人隐私应该既包括传统隐私类型，也包含前文所述的互联网条件下的新型隐私。其二是个人信息，按照《个人信息保护法》定义，个人信息是指以电子或者其他方式记录的与已识别或者可识别的自然人有关的各种信息，不包括匿名化处理后的信息。其三是商业秘密，根据《刑法》第 219 条第 3 款和《反不正当竞争法》第 9 条的规定，所谓商业秘密，是指不为公众所知悉、具有商业价值并经权利人采取相应保密措施的技术信息、经营信息等商业信息。但是，并非所有数据、数据集合都属于经营者的商业秘密。[①] 依据本条规定，国家机关看似只对企业构成商业秘密的数据有保密义务，而企业还存在着半公开数据，如数据库的数据是典型的半公开类型的数据，对少部分人群开放[②]，而本条并未明确国家机关对于此类数据是否应当予以保密，商业秘密也并不能提供有效的保护，还需进一步明确。其四是保密商务信息，相较商业秘密而言，保密商务信息是一个较新的概念，应更具聚焦于企业在进行商务活动中形成的秘密数据，此类数据亦首先应当符合保密性的要求。针对以上数据类型，本条具体规定国家机关既不得泄露，也不得非法向他人提供，说明本条文肯认合法的数据共享活动，但同样必须依照法律规定的条件和程序。

【关联规定】

《中华人民共和国网络安全法》第 30 条、第 44 ~ 46 条、第 48 条，《中华人民共和国民法典》第 1032 条，《中华人民共和国刑法》第 219 条，《中华人民共和国反不正当竞争法》第 9 条

（撰稿人：何傲翾）

---

① 李爱君：《数据权利属性与法律特征》，载《东方法学》2018 年第 3 期。

② 丁晓东：《论企业数据权益的法律保护——基于数据法律性质的分析》，载《法律科学（西北政法大学学报）》2020 年第 2 期。

第三十九条 【数据安全管理制度】 国家机关应当依照法律、行政法规的规定，建立健全数据安全管理制度，落实数据安全保护责任，保障政务数据安全。

【释义】

本条确立了国家机关在本法下应当承担的三项保障政务数据安全的职责：建立健全数据安全管理制度、落实数据安全保护责任和保障政务数据安全。

本条的制定，呼应的是大数据时代背景下，政务数据安全已成为事关国家安全与经济社会发展的重大问题。我国现行的网络安全领域的“基本法”是2017年6月实施的《网络安全法》。该法主要从网络关键基础设施安全、网络运营环境安全、网络信息安全和监测预警与应急处置等方面制定条文，规范重心置于网络安全而非数据安全，对此有学者曾总结：“《网络安全法》对数据的安全保护，主要着眼于两方面：一是要求各类组织切实承担起保障数据安全的责任，即保密性、完整性、可控性。二是保障个人对其个人信息的安全可控。但对于国家层面的数据保护，可以说《网络安全法》仅规定了关键信息基础设施上的重要数据应当留存本地。”[①] “数据安全”并非《网络安全法》的关键词，其行文间多见“网络信息”的表述，而且主要是从规制网络运营者的视角去构建具体制度的，对国家机关的规定只体现在对信息不当传输的监管上，如第四章第50条“国家网信部门和有关部门依法履行网络信息安全监督管理职责，发现法律、行政法规禁止发布或者传输的信息的，应当要求网络运营者停止传输”。[②] 第76条第2项对“网络安全”进行定义时，立法者将数据置入视野中，认

---

① 洪延青：《评〈网络安全法〉对数据安全保护之得与失》，载《信息安全与通信保密》2017年第1期。

② 田维琳：《公共大数据信息安全立法的内涵、现状与依据》，载《河南社会科学》2018年第7期。

为“保障网络数据的完整性、保密性、可用性的能力”属于网络安全的范畴，但是，数据安全应当包括“自身安全”“自主可控”和“宏观安全”三个层面：其一，“数据自身安全”（data security），即通过身份认证、访问控制、安全管理审计、平台基线配置等大数据平台安全技术，以及数据防泄露、业务数据风险管理、结构化和非结构化数据保护等安全制度，确保数据的保密性、完整性、可用性，即《网络安全法》第76条第2项最后一句话；其二，“数据自主可控”（data safety），即国家对重要数据实际支配权力，避免被其他组织或国家非法操纵、监控、窃取和干扰；其三，“数据宏观安全”（data harmony），即防控和管理因数据处理、使用引致的国家主权、公共利益和群体安全的威胁。[①] 由此可见，《网络安全法》的规定只涉及数据的第一个内涵，制度供给并不充分，且没有专门关注政务数据安全问题。

结合我国政务数据实践来看，暴露出的安全风险在于：一是政务数据在使用和流动过程中缺乏严格技术规范，各部门在实际操作时往往凭经验采取措施，也缺少监督机制和监管手段；二是数据平台建设和运维安全保障不足，政务数据平台建设和运维由政府部门组织实施，企业进行承建、开发、管理。信息基础设施合作治理规则的缺失和安全规定的粗疏导致存在数据安全隐患，对政务数据汇聚共享的持续性、稳定性产生威胁；三是缺少对数据泄露、篡改等问题的救济机制[②]，如果敏感的政务数据被敌对国家或势力恶意使用（malicious use of big data），面向何种对象范围，通过何种途径进行救济还需进一步规定。总之，相较于“自身安全”层面，政务数据的安全风险更多地体现在“自主可控”和“宏观安全”上，而《网络安全法》欠缺清晰的规制思路。本法“适应电子政务发展的需要，建立政务数据安全管理制度和开放利用规则，大力推进政务数据资源开放和开

① 许可：《数据安全法：定位、立场与制度构造》，载《经贸法律评论》2019年第3期。

② 陈晓勤：《需求识别与精准供给：大数据地方立法完善思考——基于政府部门与大数据相关企业调研的分析》，载《法学杂志》2020年第11期。

发利用”[①]，更加注重政务数据安全，国家机关作为公权力行使主体和收集、使用政务数据的主体，应作为保障政务数据安全的首要主体，明确其在这一过程中的功能定位和职责所在，本条率先作出立法尝试，意义重大。

对于本条的具体内容，应当重点理解以下几个方面。

第一，本条的适用对象是国家机关。和本法第 37 条相同，“国家机关”并不单指行政机关，司法机关、检察机关、立法机关等均属于国家机关范畴。值得注意的是，为整合政府数据资源，推动政务数据的汇聚共享，引导、管理和促进数字经济的发展，各地纷纷设立了大数据管理机构[②]；在社会信用体系建设中，一些地方政府还建立跨部门的失信者“联合惩戒平台”，打破信息孤岛，实现了数据互联互通[③]，此类大数据管理机构和政务数据共享平台，亦应属于本条所指“国家机关”。

第二，建立健全数据安全管理制度，应当主要聚焦的是政务数据安全管理。如前所述，政务数据安全风险一直广泛存在，而我国现行的立法实践和监管实践仍较为匮乏，建立健全数据安全管理制度，则应当以风险导向意识为重，针对政务数据收集、处理、利用、共享的场景及可能引发的风险施以有力措施和明确责任。考虑到政务数据的敏感性，应当将规制重点落于对政务数据安全风险的预防和救济之上，尤其是防范政务数据失去“自主可控”和“宏观安全”，否则将对国家安全和社会秩序造成重大影响。

第三，落实数据安全保护责任，意味着保障政务安全的责任主体是国家机关，通过本条之规定，将进一步落实权责一致的行政理念。在我国，政府既是政务数据的直接管理者，也是落实国家数据安全实施的重

① 《我国拟立法确立数据安全保护管理基本制度》，载新华网，http：//www. xinhuanet. com/2020－06/28/c_ 1126168852. htm，2021 年 6 月 14 日访问。

② 田维琳：《公共大数据信息安全立法的内涵、现状与依据》，载《河南社会科学》2018 年第 7 期。

③ 韩伟：《安全与自由的平衡——数据安全立法宗旨探析》，载《科技与法律》2019 年第 6 期。

要执行和监督主体[①]，但实际上，行政管理中有权无责、有责无权等权责分离的现象仍有发生，不仅使正在兴起的行政问责的制度功能难以有效发挥，更使依法行政中合法行政、程序正当、合理行政、诚实守信等内容的实现失去有力的保障。[②] 有学者将“权责统一”划分为宏观的权责统一、中观的权责统一和微观的权责统一，其中宏观的权责统一包含政治责任、经济责任和社会责任三个方面[③]，社会责任包括维护外部安全、维护内部安全、维护社会信用等内容，这些次级责任对应着政府的各种具体职能部门的职能，形成政府责任与政府职能之间的平面联结[④]，依据此类划分，数据安全保护责任兼具对内和对外的双重面向，属于宏观的权责统一中的社会责任。

【关联规定】

本法第 37 条，《中华人民共和国网络安全法》第 76 条

（撰稿人：何傲翾）

第四十条 【委托他人处理数据】 国家机关委托他人建设、维护电子政务系统，存储、加工政务数据，应当经过严格的批准程序，并应当监督受托方履行相应的数据安全保护义务。受托方应当依照法律、法规的规定和合同约定履行数据安全保护义务，不得擅自留存、使用、泄露或者向他人提供政务数据。

---

① 马忠法、胡玲：《论我国数据安全保护法律制度的完善》，载《科技与法律》2021 年第 2 期。

② 张华民：《依法行政的德性要求及其现实观照》，载《现代法学》2014 年第 2 期。

③ 谭波：《权责统一：责任型法治政府建设的基本思路》，载《西北大学学报（哲学社会科学版）》2020 年第 4 期。

④ 安秀梅：《中央与地方政府间的责任划分与支出分配研究》，中国财政经济出版社 2007 年版，第 16 页。

【释义】

政府数据开放平台是连接政府与数据利用者的媒介。①在实践中，国家机关基于成本和效率考虑，多委托他人设计、维护政府平台，存储、加工政务数据。这一方面体现了公私合作的理念，另一方面也使得政务数据安全风险进入立法视域。本条第一句要求国家机关委托他人进行数据处理的，应当经过严格的审批程序，并监督受托方履行数据安全保护义务。第二句为采纳宪法和法律委员会的建议新增的规定，目的在于强化受托方的数据安全义务：受托方应当依照法律、法规的规定和合同约定履行数据安全保护义务，不得擅自留存、使用、泄露或者向他人提供政务数据。

另值得关注的是，本条删除了《数据安全法（一审稿）》和《数据安全法（二审稿）》当中“向他人提供政务数据”这一情形。政务数据实行目录管理制度，应当按照目录开放数据。政务数据类型大致可以分为：应当开放数据、受限开放数据和不应开放数据。对于应当开放的数据，如果也要求经过严格审批，那么显然违反了政务数据开放的制度目的。因此，本条删除了“或者向他人提供政务数据”这一表达。

根据本条第一句，国家机关委托他人建设、维护电子政务系统，存储、加工政务数据，应当经过严格的批准程序。1. 委托关系。国家机关为了减轻成本，便于向社会提供服务，依法将部分事项委托给非国家机关的组织或者个人行使。②本条规定中委托对象为“他人”，并未限定为组织，似乎也将个人包含在内。受委托组织或者个人应当以提出委托的国家机关的名义行使所委托的职权。提出委托的行政机关要为其法律后果承担法律责任。受委托组织或者个人在委托权限之外实施的行为，由其承担

---

① 刘权：《政府数据开放的立法路径》，载《暨南学报（哲学社会科学版）》2021 年第 1 期。

② 如《行政处罚法》第 20 条第 1 款：“行政机关依照法律、法规、规章的规定，可以在其法定权限内书面委托符合本法第二十一条规定条件的组织实施行政处罚。行政机关不得委托其他组织或者个人实施行政处罚。”

法律责任。为了确保委托的合法性，遵循节约成本、便民服务等原则，国家机关委托他人建设、维护电子政务系统，加工政务数据，应当经过严格的批准程序，并将委托事项向社会公告。如《行政处罚法》第20条第2款规定："委托书应当载明委托的具体事项、权限、期限等内容。委托行政机关和受委托组织应当将委托书向社会公布。"① 2. 批准程序。目前尚没有专门的《政务数据开放法》，因此不明确批准程序究竟为何。且不论政务数据开放和政府信息公开是不同的事项，不能等同对待，《政府信息公开条例》中也缺乏对"外包"情况下批准程序的设计。② 考虑到国家机关委托他人进行数据处理，也是一种政府采购行为，因此可以从《政府采购法》和《招标投标法》中寻找规范依据。由于历史原因，我国形成了《招标投标法》和《政府采购法》二元并列的格局。根据《招标投标法》第3条规定，应当招标投标的行为原则上限于建设工程项目。③与建设工程项目无关的政府采购事项适用《政府采购法》的相关规定。目前《招标投标法》正在修改，但是并没有改变这一局面。④根据《政府采购法》第27条后半句规定，因特殊情况需要采用公开招标以外的采购方式的，应当在采购活动开始前获得设区的市、自治州以上人民政府采购监督管理部门的批准。《政府采购法》这一规定似乎在为实践当中地方政府扶

① 章剑生：《现代行政法总论》，法律出版社2019年版，第115页。

② 宋烁：《政府数据开放宜采取不同于信息公开的立法进路》，载《法学》2021年第1期。

③ 《招标投标法》第3条："在中华人民共和国境内进行下列工程建设项目包括项目的勘察、设计、施工、监理以及与工程建设有关的重要设备、材料等的采购，必须进行招标：（一）大型基础设施、公用事业等关系社会公共利益、公众安全的项目；（二）全部或者部分使用国有资金投资或者国家融资的项目；（三）使用国际组织或者外国政府贷款、援助资金的项目。前款所列项目的具体范围和规模标准，由国务院发展计划部门会同国务院有关部门制订，报国务院批准。法律或者国务院对必须进行招标的其他项目的范围有规定的，依照其规定。"

④ 2019年《招标投标法》（修订草案公开征求意见稿）第3条："在中华人民共和国境内进行下列工程建设项目包括项目的勘察、设计、施工、监理、造价以及与工程建设有关的重要设备、材料的采购，达到规定规模标准的，必须进行招标：（一）全部或者部分使用国有资金投资或者国家融资的项目；（二）使用国际组织或者外国政府贷款、援助资金的项目。采取政府和社会资本合作模式的工程建设项目，达到规定规模标准的，选择社会资本方必须进行招标。本条第一款和第二款所列项目的具体范围和规模标准，由国务院发展改革部门会同国务院有关部门根据经济社会发展情况制订、调整，报国务院批准后公布执行。法律或者国务院对必须进行招标的其他项目的范围有规定的，依照其规定。"

持本地互联网企业制造便利。例如,《浙江省数字经济促进条例》第 50 条第 2 款规定:"政府采购的采购人经依法批准,可以通过非公开招标方式,采购达到公开招标限额标准的首台(套)装备、首批次产品、首版次软件,支持数字技术产品和服务的应用推广。"《浙江省数字经济促进条例》(征求意见稿)曾明确要求浙江省政府机关"优先使用浙政钉"。后因学者反对,立法机关将之修改为"政府采购的采购人经依法批准,可以通过非公开招标方式……支持数字技术产品和服务的应用推广"。但需注意,《政府采购法》第 26 条第 2 款明确规定,公开招标应作为政府采购的主要采购方式。第 29 条至第 32 条以封闭式列举的方式规定了非公开招标时的具体情形。但地方政府为了扶持本省互联网企业的发展,采取"地方保护主义",通过立法的方式将委托处理数据的机会提供给本省互联网企业,这使《政府采购法》的规范意旨有落空的风险。在《数据安全法》制定过程当中,有专家学者针对这一现象,建议增加一项要求:国家机关委托他人处理数据的,应当以召开听证会或专家论证等形式向社会公开征求意见。学者希望通过外部监督的方式,避免地方政府过度扶持本地互联网企业。对于重要的委托处理行为,应当邀请相关人士召开听证会;对于非重要的委托或提供数据,则可以召开专家委员会,从而避免干扰行政效率。遗憾的是,该项意见并没有被采纳。

对于受托方数据处理机构来说,其首要义务是按照国家机关的指示进行建设、维护电子政务系统,存储、加工政务数据。受托方数据处理机构不得变更国家机关的指示,因客观情况发生变化,为了数据主体的利益而需要变更委托人的指示时,应当重新经过批准程序。委托政务数据处理是以对受托方的技术能力、数据安全能力等的信任为基础的,除非经过国家机关的同意并重新经过批准程序,受托方数据处理机构不得转委托其他数据处理机构进行政务数据处理。再者,受托方应当依照法律、法规的规定和合同约定履行数据安全保护义务,不得擅自留存、使用、泄露或者向他人提供政务数据。按照本条规定,受托方既要按照本法的规定履行数据安全保护义务,同时也应当注意其他法律如《网络安全法》《电子商务法》

等规定的数据安全保护义务。既要履行一般主体的数据安全保护义务，也要履行有关国家机关的特殊的数据安全保护义务。此外，本规定亦将规范依据放宽至法规，允许地方性法规对受托方设定相应的数据安全保护义务，且可以通过合同约定的方式增加。疑问之处在于，如果受托人违反该义务，应当承担何种法律责任。根据《数据安全法》第52条规定："违反本法规定，给他人造成损害的，依法承担民事责任。违反本法规定，构成违反治安管理行为的，依法给予治安管理处罚；构成犯罪的，依法追究刑事责任。"因此，应当结合《民法典》《治安管理处罚法》《刑法》等法律判断受托人的法律责任。例如，受托人非法处理个人信息，将因违反《民法典》第111条和第1034条及其以下规定而承担损害赔偿责任。此外，国家机关也可以通过合同的方式清晰约定民事法律后果（如损害赔偿数额等），以更好地拘束受托人。

【关联规定】

《中华人民共和国网络安全法》第18条，《中华人民共和国招标投标法》第3条，《中华人民共和国政府采购法》第26～32条

（撰稿人：林洹民、赵计义）

第四十一条 【政务数据开放原则】 国家机关应当遵循公正、公平、便民的原则，按照规定及时、准确地公开政务数据。依法不予公开的除外。

【释义】

本条规定了政务数据开放的基本原则与要求。

本条借鉴了2019年修订的《政府信息公开条例》第5条和第6条的规定。根据《政府信息公开条例》第5条规定，行政机关公开政府信息，

应当坚持以公开为常态、不公开为例外，遵循公正、公平、合法、便民的原则。第6条第1款规定，行政机关应当及时、准确地公开政府信息。但政府信息公开与政务数据公开存在较大区别：1. 政府信息公开具有监督行政机关依法行政的面向，而政务数据的公开更多是促进数据开发与利用，促进公共服务和社会运行方式创新；2.《政府信息公开条例》仅规定了行政机关的政府信息的公开，《数据安全法》将公开的范围扩大至政务数据，将政务数据公开的主体由行政机关扩大至国家机关。因为行政机关虽然是政务数据公开最重要的主体，但其他类型的国家机关（如人大、监察委员会、法院、检察院等）也掌握着一定的政务数据。但需注意，鉴于不同国家机关的属性不同，行政机关以外其他国家机关政务数据的公开应当稳妥推进。

首先，本条明确了政务数据公开的基本原则，即“公正、公平、便民”。1. 行政法上的公正原则是指，行政机关与所处理的案件有利害关系的，应当回避。回避确保了行政机关形式上的公正无私，有助于行政相对人认同该行政程序的结果。2. 行政法上的公平原则是指，行政机关作出任何不利于行政相对人的行政行为之前，必须充分听取其意见，听取意见的方式应当根据行政行为对当事人的影响程度而定。对行政相对人产生重大不利影响的行政行为应当采用较为正式的听证方式，对其他行政行为则可以采用相对灵活的方式，重点在于给行政相对人表达意见的机会。但需注意，行政机关若不予采纳行政相对人表达的意见，必须给出理由，否则听取意见将流于形式。[①] 3. 便民原则是指，行政机关通过各种措施为包括申请人在内的公众创造最大化获取政府信息的机会。便民原则具有如下三个鲜明特点：其一，便民原则注重政府信息提供的质和量；其二，便民原则更具灵活性和变通性；其三，便民原则在合法的前提下促进更高程度和更大范围的政府信息公开。[②]为了贯彻上述三项原则，国家机关在政务数据开

---

① 章剑生：《现代行政法总论》，法律出版社2019年版，第52页。

② 肖卫兵：《论便民原则在政府信息公开申请答复中的适用》，载《河北法学》2014年第4期。

放中应当适用统一的规则，避免有利益冲突和利益输送等徇私枉法的情形；对政务数据开放利用主体不得歧视和差别对待，开放利用主体的合法权益受到法律保护，违法行为应受到法律制裁；国家机关在公开政务数据时应当采取便利化的措施，简化开放利用主体获得政务数据的程序和条件，最大范围地开放政务数据。

其次，国家机关应当按照规定及时、准确地公开政务数据。本条规定明确了国家机关公开数据的两个基本要求，即及时性和准确性。第一，公开政务数据的及时性要求国家机关必须在合理的时限内尽可能迅速地开放应当公开的数据，不得有迟延。国家机关应当使公开的数据保持最新状态，不应提供给公众过时、陈旧的数据。就具体的制度而言，对于应当无条件公开的政务数据，对数据的生成与公开之间的时间差应当进行规定，要求每种时间差不能超过法定期限；对于依开放利用主体申请公开的政务数据，应当规定国家机关收到开放利用主体申请之日起，国家机关审查的法定期限。第二，公开政务数据的准确性。在不同法律中，对“准确”的要求并不相同。在政府信息公开当中，准确指的是客观真实，而不是指政府信息内容的正确。例如，一个错误的行政处罚决定，在事实认定上可能是“不正确”的，但是这种“不正确”不等于“不准确”，“准确”强调的是基于原始状态的准确，而不是内容的正确。因此，行政机关应当忠于原貌、忠于客观真实地公开数据。①目前政务数据质量不够高的原因之一是数据经过加工后失真，或虽然真实但是经济价值有限。

需要注意的是，数据开放的及时性和准确性之间可能存在内生性张力。目前政务数据从数源单位汇集到大数据管理部门（如各地的大数据局），大数据管理部门只能利用技术手段进行基本的清洗（如核对身份证位数），无法保障数据的准确性。数源部门承担核查数据的义务，如果数据出错，其他部门可以要求数源部门承担责任。因此，数源部门缺乏足够

① 后向东：《中华人民共和国政府信息公开条例（2019）理解与适用》，中国法制出版社 2019 年版，第 21 页。

的动力共享、开放数据，还往往尽量清洗数据，推迟将数据提供给大数据管理部门。如何协调及时性和准确性之间的矛盾，将是政务数据开放当中的难点。

最后，依法不予公开的除外。《贵州省大数据发展应用促进条例》第27条第1款规定："实行公共数据开放负面清单制度。除法律法规另有规定外，公共数据应当向社会开放；依法不能向社会开放的公共数据，目录应当向社会公布。"我国目前政务数据开放的主要问题不是数据开放冗余，而是数据开放不足。政务数据应当以开放为原则，以不开放为例外，最大限度地开放政务数据。"依法不予公开的除外"作为例外条款，其意义可以理解为"法"没有规定为不予公开的，应当进行公开。但需注意，政务数据的开放既应保障数据的安全，又促进数据的开发利用，二者缺一不可。部分政务数据开放可能导致侵犯隐私与数据泄露的风险，尤其是通过缓存下载、数据组合等方式可以实现数据的定向复原，导致个人信息被滥用、误用的潜在风险极大。对于这些政务数据，法律应对数据利用主体的安全保障水平进行特殊要求，允许设置有条件开放类，赋予国家机关一定的裁量权。因此，政务数据的开放应当实行分类管理，按照政务数据的属性进行划分。例如，《贵州省政府数据共享开放条例》将政务数据划分为三种属性：1. 无条件开放类，即可以提供给所有公民、法人或者其他组织使用的政务数据；2. 有条件开放类，即在特定条件下可以提供给公民、法人或者其他组织使用的政务数据；3. 不予开放类，涉及国家秘密、商业秘密、个人隐私，或者法律、法规规定不得开放的政务数据。[①] 其中，列入有条件开放类或者不予开放类的政务数据，应当有法律、行政法规或者国家有关规定作为依据。《天津市促进大数据发展应用条例》[②]《海南省大数据开发应用条例》[③] 等地方性法规也作了类似的规定。将政务数据划分为三种类型，对列入有条件开放类或者不予开放类的政务数据进行严格限

---

① 2020年9月25日贵州省第十三届人民代表大会常务委员会第十九次会议通过。

② 2018年12月14日天津市第十七届人民代表大会常务委员会第七次会议通过。

③ 2019年9月27日海南省第六届人民代表大会常务委员会第十四次会议通过。

制，一方面有助于将尽可能多的政务数据纳入开放范围，促进数据的开发利用，另一方面也可以保证政务数据公开的一视同仁，尽可能面向全体公众、服务全体公众。本条规定存在的疑问在于，“依法不予公开”的“法”的范围应当如何界定并不明确，从促进数据开放利用，防止国家机关滥用职权、限定开发利用主体、利用权力排除限制竞争、阻碍数据流通的角度出发，应当严格限定“法”的范围，将其限缩在法律、行政法规，以规范国家机关的裁量权。

【关联规定】

《中华人民共和国政府信息公开条例》第 5 条、第 6 条

（撰稿人：林洹民、赵计义）

第四十二条　【开放目录与平台】 国家制定政务数据开放目录，构建统一规范、互联互通、安全可控的政务数据开放平台，推动政务数据开放利用。

【释义】

本条规定了政务数据开放的目录与平台。

对于政务数据开放目录与政务数据开放平台，在《数据安全法》之前的许多文件中均有提及。例如，2016 年 3 月第十二届全国人民代表大会第四次会议批准的《中华人民共和国国民经济和社会发展第十三个五年规划纲要》中规定，政府应“加快建设国家政务数据统一开放平台，推动政府信息系统和公共数据互联开放共享。制定政务数据共享开放目录，依法推进数据资源向社会开放”。2016 年 7 月中共中央办公厅、国务院办公厅发布的《国家信息化发展战略纲要》提出，“建立公共信息资源开放目录，构建统一规范、互联互通、安全可控的国家数据开放体系，积极稳妥推进

公共信息资源开放共享”。2021 年 3 月第十三届全国人民代表大会第四次会议批准的《中华人民共和国国民经济和社会发展第十四个五年规划和 2035 年远景目标纲要》再次提出，“健全数据资源目录和责任清单制度……构建统一的国家公共数据开放平台和开发利用端口……鼓励第三方深化对公共数据的挖掘利用”。制定政务数据开放目录和构建政务数据开放平台均服务于“推动政务数据开放利用”，这是实现“十四五规划”中提出的加快数字化发展、建设数字中国，“迎接数字时代，激活数据要素潜能，推进网络强国建设，加快建设数字经济、数字社会、数字政府，以数字化转型整体驱动生产方式、生活方式和治理方式变革”的必然要求。制定政务数据开放目录和构建政务数据开放平台是推动政务数据开放利用的基础性工作。

（一）国家制定政务数据开放目录

政务数据具有体量庞大、类型多样的特点，如果海量信息没有经过区分和整合直接收归至数据资源库，将导致数据“存用两难”的不利局面。目前我国的政务数据问题颇多：在数据存储上，由于缺乏统一尺度，各数据信息存储内容差异化；在数据取用上，囿于存储阶段未分流归纳，导致难以准确匹配相应数据信息。有鉴于此，我国确有必要制定政务数据开放目录。需要注意的是，国家机关不应以已开放的数据为依据来编制政务数据开放目录。国家机关应先编制政务数据开放目录，再开放相应数据。国家机关可在网站上主动公布政务数据开放目录，以听取公众对目录范围的意见和建议。因法律法规修改或职权发生变化等涉及目录调整的，国家机关应当及时更新目录。[①]此外，国家机关也应当定期更新目录，进行动态管理。最后，如何统一各地区、各部门的政务数据开放目录是重点难点所在。目前各省市均在制定政务数据的开放目录，但各省市对政务数据开放目录的内容的规定并不一致，如《浙江省公共数据开放与安全管理暂行办法》规定，全省公共数据开放目录以及补充目录应当

① 宋华琳：《中国政府数据开放法制的发展与建构》，载《行政法学研究》2018 年第 2 期。

标注数据名称、数据开放主体、数据开放属性、数据格式、数据类型、数据更新频率等内容。[①]《上海市公共数据开放暂行办法》则规定，开放清单应当标注数据领域、数据摘要、数据项和数据格式等信息，明确数据的开放类型、开放条件和更新频率等。[②]本条规定“国家”制定政务数据开放目录，但并未明确目录制定的主体，将会出现各类国家机关均有权制定目录的局面，尤其是地方目录将会五花八门，这最终将限制政务数据的利用。

(二) 构建统一规范、互联互通、安全可控的政务数据开放平台

我国目前尚无政务数据统一开放平台，更多是由各部门建构自己的政务数据开放平台，如教育部的“国家教育资源公共服务平台”，国家工商行政管理总局的“全国企业信用信息公示系统”。即便对于中央政府部门而言，其平台也未能整合该部门所有的开放政务数据。再者，还有相当多的政府部门，分别按照管理事项逐一建立政府开放数据平台，既不利于对政务数据资源的有效整合和利用，也不利于公众的访问和查询。反而是地方政府建立了政务数据开放统一平台，如北京市的“北京市政务数据资源网”，上海市的“上海市政务数据服务网”，贵州省依托“云上贵州”建设的政务数据开放平台。但各地的政务数据开放统一平台收拢数据的能力有限。以北京市为例，发改委的价格数据、教委的教育资源数据、文化局的文化场馆及演出展览数据、食品药品监管局的质量公告和食品抽检信息等，都散见于各部门网站，而未在数据平台中有所体现。这些未被纳入数据开放平台的数据具有较高的增值利用价值、一定的结构化水平，但分布分散、更新频繁，导致在采集发布、部门协调和后续的持续维护上产生较高成本，也影响了对政府开放数据的有效利用。究其原因，不同部门的数据获取途径不同、筛选标准不同、数据质量不同，部门协调和政府信息共享艰难。[③]《数据安全法》对政务数据开放平台的建设提出了三点要求：1. 统一规范，对现有开放政务数据资源加以整合，建立跨系统、跨

---

① 浙江省人民政府令第381号，2020年6月12日发布。

② 上海市人民政府令第21号，2019年8月29日公布。

③ 宋华琳：《中国政府数据开放法制的发展与建构》，载《行政法学研究》2018年第2期。

部门的统一开放数据平台；2. 互联互通，行政机关的开放数据、数据库信息应当与开放数据平台相连接，防止出现各自为战、重复分散的问题，为公众提供一站式的政务数据获取及相关服务；3. 安全可控，《数据安全法》坚持安全与发展并重，数据安全事件一旦发生，无法真正消除损害、恢复原状，因此数据安全应以风险防范为核心。

【关联规定】

《国家信息化发展战略纲要》第 16 条

（撰稿人：林洹民、赵计义）

第四十三条　【法律、法规授权的组织】 法律、法规授权的具有管理公共事务职能的组织为履行法定职责开展数据处理活动，适用本章规定。

【释义】

本条规定了法律、法规授权的组织在数据处理活动中的法律地位。《数据安全法（一审稿）》将主体界定为“具有公共事务管理职能的组织”，《数据安全法（二审稿）》增加了“法律、法规授权的”这一限制表述，以与《行政处罚法》《行政许可法》《政府信息公开条例》等法律文件的规定保持一致。需要注意的是，该条并未同《行政强制法》那样，将授权依据限于“法律、行政法规”，而是将地方性法规也纳入授权依据的范围。

行政主体包括行政机关和法律、法规授权的组织。行政主体是指依法享有国家行政管理职权，能够以自己的名义实施行政管理活动，并能独立承担由此产生的法律责任的组织。行政机关是指依宪法和有关行政组织法的规定设立并从设立之时就依法享有并有权行使国家行政管理职权的国家机关。

法律、法规授权的组织是指依照具体法律、法规的明确授权而行使特定行政职能的行政机构或者社会组织。随着社会的发展，行政管理事项不断增加，国家行政职能涉及的领域更加广泛，单纯依靠行政机关自身的力量有时不能满足社会发展的需要，况且有些行政职能具有技术性、专业性和临时性的特点，授权给相应的社会组织管理更能发挥效能。因此，国家有时通过法律、法规授权行政机关以外的组织来行使一部分行政权。被授权的组织在行使具体法律、法规所授予的行政管理职权时，法律性质上属于行政主体，具有与行政机关基本相同的法律地位。被授权组织能够以自己的名义行使具体法律、法规所授予的行政管理职权，并就其所行使职权的行为独立承担法律责任。①

按照本条规定，被授权组织开展数据处理活动受本章规定调整，需要符合三个条件：

第一，有法律、法规的授权。本条规定并未将法律、法规限缩为法律、行政法规，原因在于本条并非授权其他组织行使部分行政管理权，而是将这些组织开展的数据处理活动纳入本章的调整范围。采取广义的定义可以将更多的组织纳入本章的调整范围，使其在开展数据处理活动时履行与国家机关相同的职责，承担相同的义务。

第二，具有管理公共事务职能。除国家机关外，根据组织成立的目的不同，将各种组织分为社会团体、事业组织和企业组织。社会团体是指政党、工会、共青团、妇联、各种学会等组织。事业组织是指从事某项社会职能，不以营利为目的的组织，如学校、医院、各种科学研究机构等。企业组织是以营利为目的的组织。不论是什么类型的组织，只要具有管理公共事务的职能，都可以被授权实施行政行为。这些组织开展的数据处理活动，应当受本章规定调整。

第三，为履行法定职责开展数据处理活动。法律、法规授权具有管理公共事务职能的组织实施行政行为时，一般都有明确的授权范围，如行政

① 马怀德：《〈行政强制法〉条文释义及应用》，人民出版社2011年版，第259、260页。

行为的对象、条件、方式、种类等，被授权组织只有在授权范围内实施行政行为，其法律地位才能等同于行政机关。一旦被授权组织的行政行为超出了授权范围，那么其被授权的意义就不存在，其法律地位就不能等同于行政机关，也就不能适用本章有关国家机关的规定。

【关联规定】

《中华人民共和国行政处罚法》第 19 条，《中华人民共和国行政许可法》第 23 条，《中华人民共和国行政强制法》第 70 条，《中华人民共和国政府信息公开条例》第 54 条

（撰稿人：林洹民、赵计义）

第六章 法律责任

第四十四条 【主管部门对数据安全风险的前置处理】 有关主管部门在履行数据安全监管职责中，发现数据处理活动存在较大安全风险的，可以按照规定的权限和程序对有关组织、个人进行约谈，并要求有关组织、个人采取措施进行整改，消除隐患。

【释义】

本条规定的是有关主管部门对存在较大安全风险的数据处理活动的前置处理。

与《数据安全法（二审稿）》相比，本条修改了最后一句话的表述，原表述为“有关组织和个人应当按照要求采取措施，进行整改，消除隐患”。进一步理顺了主管部门在应对存在数据安全风险的数据处理活动时的制度措施，强化了主管部门的数据安全监管职能，更加有利于数据安全监管的落实和行之有效。

“安全当然是法律需要保护的重要价值，但自由和权利是法律更本质的属性，就数据的法律规制而言，需要更好地平衡安全与自由的关系。”① 当前，网信部门等主管部门在履行监管职责的过程中，往往需要回应如何平衡数据安全与数据发展、柔性治理方法与刚性治理手段的现实问

① 韩伟：《安全与自由的平衡——数据安全立法宗旨探析》，载《科技与法律》2019 年第 6 期。

题，面对存在一定数据安全风险但还没有构成违法或造成危害后果的数据处理活动，如果一味采取行政处罚等较为刚性和体现制裁的手段，对于数字经济发展和数据产业的进步而言将产生一定负面影响。若能在事前进行一定引导和规范，通过柔性监管的手段促进相关组织、个人及时完善保障数据安全的各项技术手段或措施、化解安全隐患，将更有利于彰显数据安全和数据发展并重的价值立场。本条即为一次新的立法尝试，通过成文的方式确立了数据安全监管的约谈制度，将其作为主要规制工具，既避免了苛责处理数据的组织和个人承担过重的法律责任，又能促进数据安全，有效形成一个全面的数据安全风险防范机制，保障数字产业蓬勃健康发展。

本条的理解与适用重点是数据安全监管的约谈制度。行政约谈是指依法享有监督管理职权的行政主体，发现其所监管的行政相对人出现了特定问题，为了防止发生违法行为，在事先约定的时间、地点与行政相对人进行沟通、协商，然后给予警示、告诫的一种非强制行政行为。行政约谈实现了行政监管方式由事后的处罚打击型向事前的服务监管型的转变，有利于推动服务性政府的建设。[①] 随着服务型政府理念的兴起，在参与式行政、合作式行政备受推崇的当下，行政约谈这种良性互动的行政行为方式不仅体现了行政主体对行政相对人权利的尊重，也在维护行政相对人合法权益以及充分调度和利用社会资源方面显现出较大优势。[②] 目前运行较为成熟、实践较为丰富的行政约谈是互联网信息内容监管约谈，2015 年 4 月 28 日国家互联网信息办公室颁布了《互联网新闻信息服务单位约谈工作规定》，初步确立约谈制度。事实上，在该规定出台之前，国家互联网信息办公室就曾联合北京互联网信息办公室，约谈网易和新浪等年检中违法问题突出、受到大量公众举报的网站，并取得了立竿见影的效果。实践表明，约谈方式日渐成为互联网信息内容监管领域的主要规制工具。[③] 《网络安全

---

① 徐永涛、林树金：《我国行政约谈的理论基础及法治化》，载《东岳论丛》2014 年第 12 期。
② 邢鸿飞、吉光：《行政约谈刍议》，载《江海学刊》2014 年第 4 期。
③ 朱新力、李芹：《行政约谈的功能定位与制度建构》，载《国家行政学院学报》2018 年第 4 期。

法》第56条也规定了约谈制度："省级以上人民政府有关部门在履行网络安全监督管理职责中，发现网络存在较大安全风险或者发生安全事件的，可以按照规定的权限和程序对该网络的运营者的法定代表人或者主要负责人进行约谈。网络运营者应当按照要求采取措施，进行整改，消除隐患。"而在数据安全领域，行政约谈的实践也并不鲜见。例如，2019年9月3日，工业和信息化部网络安全管理局约谈陌陌公司，针对的是媒体公开报道和用户曝光的"ZAO"App用户隐私协议不规范，存在数据泄露风险等网络数据安全问题，要求其严格按照国家法律法规以及相关主管部门要求，组织开展自查整改，依法依规收集使用用户个人信息，规范协议条款，强化网络数据和用户个人信息安全保护。同时，要进一步加强新技术新业务安全评估，切实采取有效措施，积极防范自有业务平台被利用实施电信网络诈骗等风险隐患。[①]

按照有学者对行政约谈做出的类型化区分，本条规定的行政约谈属于"违法预警型"约谈，指为达到预防违法之行政目的，行政主体对妨碍社会秩序而有违法之虞或轻微违法者，所采取预防或抑制之行政约谈。行政主体因其特殊地位，相较于相对人更有"预见能力"，约谈便是将行政主体的这种"预见能力"转化为相对人的"预见能力"。[②] 对于数据安全领域，由于数据应用和数据流动瞬息万变，如果不对数据处理活动的安全风险和隐患进行合理预见，将极易导致严重的数据安全损害后果，通过约谈，从事数据处理活动的组织和个人将能有效预判各自活动中可能存在的风险点和隐患，并遵从行政主体的警示和要求，以降低风险。

对于约谈的程序和要件，应注意以下几点：

1. 约谈的主体。有权进行约谈的主体，应当为承担数据安全监管职责的主管部门。按照本法第6条规定，包括公安机关、国家安全机关、国家

---

① 《工业和信息化部网络安全管理局就"ZAO"App网络数据安全问题开展问询约谈》，载中华人民共和国工业和信息部2019年9月4日，http：//www.miit.gov.cn/n1146285/n1146352/n3054355/n3057724/n3057728/c7392754/content.html，2021年8月25日访问。

② 孟强龙：《行政约谈法治化研究》，载《行政法学研究》2015年第6期。

网信部门等，但应依照本法和有关法律、行政法规的规定在各自职责范围内开展的监管。

2. 约谈的对象。从目前既有的约谈实践来看，被约谈的对象主要是相关组织内部承担数据安全管理主要责任的人。

3. 约谈的情形和法定条件。依照本条规定，采取约谈措施的情形为发现数据处理活动存在较大安全风险。约谈应当按照规定的权限和程序进行。

从本条行文可以看出，本条规定的行政约谈虽然也是服务型监管的体现，但兼具了一定强制性要求。行政约谈之所以有存在价值，在于行政机关可以利用非强制性的方法，如劝导、协助、鼓励等方式推动相对人采行一定之行为，来达到行政目的。[①] 对组织和个人提出要求，则体现出一定强制色彩，带有行政命令的特征，盖因数据安全法的法理基础是基于“风险—安全”的社会控制，核心是对未经授权的访问、使用、披露、破坏、修改或销毁等行为进行控制[②]，而必须要通过一定带有强制性的命令手段实现控制的目标。

【关联规定】

《互联网新闻信息服务单位约谈工作规定》第 2 条，《中华人民共和国网络安全法》第 5 条、第 56 条

（撰稿人：何傚翾）

第四十五条　【不履行数据安全保护义务的法律责任】 开展数据处理活动的组织、个人不履行本法第二十七条、第二十九条、第三十条规定的数据安全保护义务的，由有关主管部门

---

① 孟强龙：《行政约谈法治化研究》，载《行政法学研究》2015 年第 6 期。
② 翟志勇：《数据安全法的体系定位》，载《苏州大学学报（哲学社会科学版）》2021 年第 1 期。

责令改正，给予警告，可以并处五万元以上五十万元以下罚款，对直接负责的主管人员和其他直接责任人员可以处一万元以上十万元以下罚款；拒不改正或者造成大量数据泄露等严重后果的，处五十万元以上二百万元以下罚款，并可以责令暂停相关业务、停业整顿、吊销相关业务许可证或者吊销营业执照，对直接负责的主管人员和其他直接责任人员处五万元以上二十万元以下罚款。

违反国家核心数据管理制度，危害国家主权、安全和发展利益的，由有关主管部门处二百万元以上一千万元以下罚款，并根据情况责令暂停相关业务、停业整顿、吊销相关业务许可证或者吊销营业执照；构成犯罪的，依法追究刑事责任。

【释义】

本条规定的是开展数据处理活动的组织、个人不履行法定数据安全保护义务的法律责任，其中第 2 款是在本法第二次审议后新增设的，该款特别针对违反国家核心数据管理制度，危害国家主权、安全和发展利益的数据处理活动设定法律责任。

本法第 3 条第 2 款规定："数据处理，包括数据的收集、存储、使用、加工、传输、提供、公开等。"开展数据处理活动的组织、个人既是数据处理主体，又是数据安全保护义务主体，本法第 27 条、第 29 条、第 30 条对数据安全保护义务做出了规定，具体而言包括：建立健全全流程数据安全管理制度，组织开展数据安全教育培训，采取相应的技术措施和其他必要措施；重要数据的处理者应当明确数据安全负责人和管理机构，落实数据安全保护责任；加强风险监测，发现数据安全缺陷、漏洞等风险时，应当立即采取补救措施；发生数据安全事件时，应当立即采取处置措施，按照规定及时告知用户并向有关主管部门报告；重要数据的处理者应当按照规定对其数据处理活动定期开展风险评估，并向有关主管部门报送风险评估报告。

对高风险数据利用活动进行国家安全审查和处置，是管控国家数据安全风险的必要手段。这种安全审查不是针对所有数据，而是针对关系国家安全、公共安全的高风险重要数据。[①] 依照本法第 21 条之规定，关系国家安全、国民经济命脉、重要民生、重大公共利益等数据属于国家核心数据，实行更加严格的管理制度，若开展数据处理活动的组织、个人违反国家核心数据管理制度，造成危害国家主权、安全和发展利益的损害后果，则属于本条第 2 款规定的情形，承担更重的法律责任。

在具体理解上，本条有以下几个重点：

第一，本条的规范对象是开展数据处理活动的组织、个人。值得关注的是，在主体上，本条没有选用“网络经营者”“网络服务提供者”“单位”等概念，取而代之的是外延更加广泛的“组织”概念。“网络运营者”“网络服务提供者”等显然不足以涵盖所有参与数据处理活动的主体，而“组织”既可以涵盖私法人，也可以涵盖非法人团体以及法人以外的其他团体，但国家机关等公法人需要排除在外，因为本条关涉行政处罚，国家机关的违法惩戒通常在其内部关系中处理，无须通过行政处罚进行。如果公法人或公法人内部的机关能够成为裁罚的对象，则会使得行政行为形式理论被彻底打破，无助于行政法体系的维护，在诉讼法上更会产生“自己诉讼”的问题。[②] 运用体系解释的方法也可以看出，本法第 49 条专门规定国家机关不履行数据安全保护义务的法律责任，而且第 49 条实质上采纳的是单罚制的路径（只处罚主管人员和责任人员），也体现出国家机关不能作为本法中承担法律责任的主体，因此本条之“组织”显然不包括国家机关。

第二，本条第 1 款是开展数据处理活动的组织、个人不履行本法第 27

① 刘金瑞：《数据安全范式革新及其立法展开》，载《环球法律评论》2021 年第 1 期。

② 喻少如：《论单位违法责任的处罚模式及其〈行政处罚法〉的完善》，载《南京社会科学》2017 年第 4 期。

条、第29条、第30条规定的数据安全保护义务的处罚规定。具体处罚措施包括：

1. 责令改正。责令改正是一个包容性很强的概念，因为不同的违法行为、不同的违法形态有不同的改正方式，因而责令改正有不同的表现形式。除“责令改正”和“限期改正”两种表现形式外，根据现有法律、法规和规章的规定，责令改正还有多种变体形式，包括限期清除、责令停止侵权、限期完善设施等措施在表述上均有责令改正的形式。[①] 也有学者认为责令改正形式多样，总体上可以分为责令停止违法行为和责令恢复原状两种类型。[②] 数据处理是一个全流程概念，在不同的流程环节中，“责令改正”的具体内容也并不相同，应当由行政机关依据法定义务对违法行为作出具体指令。例如，如果重要数据的处理者未按照规定对其数据处理活动定期开展风险评估，属于不作为的违法行为，责令改正措施应当为依法定期开展风险评估。

对于责令改正的性质，学界有行政处罚说、行政强制措施说、行政命令说和行政指导说等各类观点[③]，但应当注意根据“依法减损合法权益或者增加新的义务”标准同作为行政处罚的责令停止行为、责令作出行为相区分。[④] 此外，无论其性质为何，在网络空间中，“责令改正”程序具有防止损失扩大的“紧急保全”性质，因此即使开展数据处理活动的组织、个人不认同相应措施，也应及时改正，以避免损失的进一步扩大。[⑤]

2. 给予警告。警告属于行政处罚中的名誉罚。我国学界有学者认为，《行政处罚法》还没有“名誉罚”的规定，应将“警告”归入“申诫罚”范畴，也有学者认为，《行政处罚法》两稿修订草案在原有处罚种类“警

---

① 李孝猛：《责令改正的法律属性及其适用》，载《法学》2005年第2期。

② 黄锫：《行政执法中责令改正的法理特质与行为结构》，载《浙江学刊》2019年第2期。

③ 夏雨：《责令改正之行为性质研究》，载《行政法学研究》2013年第2期。

④ 行政处罚通过依法减损合法权益或者增加新的义务，对违法主体予以惩戒。参见黄海华：《行政处罚的重新定义与分类配置》，载《华东政法大学学报》2020年第4期。

⑤ 陈洪兵：《论拒不履行信息网络安全管理义务罪的适用空间》，载《政治与法律》2017年第12期。

告”之后又设置了“通报批评”这一新的处罚种类，该处罚种类涉及对违法行为人的名誉甚至人格的影响，因此警告应归入“名誉罚”（也有学者称之为“荣誉罚”）的类别①，总之，警告型的行政处罚行为针对的是行政相对人的人格性权益，通过制裁，产生名誉减损和社会评价降低的法律效果，因此，作为行政行为的“警告”所产生的法律效果，应该是对被处罚相对人个人利益的名誉减损或社会声誉的贬低。② 但此处值得商榷的是，警告作为一项具体行政行为，一般发生在作出决定的行政机关和接受警告的行政相对人之间，在如此一种双方关系之中，难以实现被罚相对人个人名誉或社会声誉减损的法律效果，更像是一种“行政指导的事实行为”③，除非是公开警告，才能在一定程度上起到名誉罚的效果。此外，通报批评、训诫等行为往往与警告的外观和后果高度相似④，如何作出明确区分还有赖于执法和司法标准的统一。目前在实践中，已经有许多应用“通报批评”处罚的实例，如在 2020 年 12 月，工业和信息化部信息通信管理局联合下达通报，对近期违规收集用户个人信息的一批网约车 App 进行通报批评，对于倒逼相关企业采取更加规范的数据合规措施起到了促进作用，因而也可以考虑扩充本条处罚方式的种类，将“通报批评”纳入其中。⑤

3. 罚款。相较于《数据保护法（二审稿)》，本条第 1 款对违反数据安全保护义务的情形设置了新的罚则，下调了一般数据类型中对违反数据安全保障义务的主体及责任人员的罚款金额。罚款是实践中最为常见的一种行政处罚手段，属于财产罚。“罚款”在我国台湾地区称为“罚锾”，是行政处罚中一种“主罚”：“罚锾系行政机关在法律授权范围内，以立法目的，针对行政不法行为所作具有经济性之制裁，本质上系属财产罚。罚

---

① 张淑芳：《〈行政处罚法〉订应拓展处罚种类》，载《法学》2020 年第 11 期。

② 朱芒：《作为行政处罚一般种类的“通报批评”》，载《中国法学》2021 年第 2 期。

③ 朱芒：《作为行政处罚一般种类的“通报批评”》，载《中国法学》2021 年第 2 期。

④ 马怀德：《〈行政处罚法〉修改中的几个争议问题》，载《华东政法大学学报》2020 年第 4 期。

⑤ 《关于侵害用户权益行为的 APP 通报（2020 年第七批）》，载中华人民共和国工业和信息化部 2020 年 12 月 21 日，https：//wap. miit. gov. cn/xwdt/gxdt/sjdt/art/2020/art _ fb7c796f64304c0d8a5c9c3e45e714f8. html，2021 年 8 月 25 日访问。

锾既表明特定之金额，系最核心的行政罚，也是运用得最广泛及最简便的手段。”[①] 尽管罚款具有易于掌握、责任明确的优点，但在以组织为主体的违法情境下也存在着威慑困境、溢出效应、价值虚化等现实困境，从而无法体现行政处罚非难违法行为的伦理价值[②]，在实践中，亦应注重构建事前的合规机制，通过配备合规部门和管理人员、加强外部监督和提供有效合规激励等手段，促进数据安全保护机制落地实现。

除此之外，本款还设定了一个加重情节：“拒不改正或者造成大量数据泄露等严重后果。”对于本条规定而言，首先应当符合第 1 款第一句规定的基本成立条件，才可能因为具备加重情节进而承担更重的法律责任，若开展数据处理活动的组织和个人拒不改正或者造成大量数据泄露等严重后果，表明数据安全保护义务下的数据安全利益受到更严重的侵犯，理应受到更进一步处罚，具体包括：

（1）罚款。相比于不存在加重情节的违法行为，本句将对组织的罚款下限提高到五十万元，对直接负责的主管人员和其他直接责任人员的罚款下限提高到五万元。

（2）暂停相关业务、停业整顿、吊销相关业务许可证或者吊销营业执照。此类处罚属于行政处罚中的资格罚，资格罚脱胎于行为罚，资格罚最后的表现结果是对当事人行为的限制或者剥夺。[③]

第三，本条新设的第 2 款，其正当性来源是国家主权、安全和发展利益。政务大数据汇聚各级政府部门的业务数据和相关公共数据，记录着社会主体活动的方方面面，具有巨大的价值[④]，而关系国家安全、国民经济命脉、重要民生、重大公共利益等的数据与国家的经济运行、社会治理、公共服务、国防安全等方面密切相关，并极可能遭到以数据为目标的跨境攻击，必须予以强有力的安全保障。本款从国家战略高度审视核心数据安

---

① 李惠宗：《行政法要义》，元照出版公司 2009 年版，第 462 ~ 463 页。

② 谭冰霖：《单位行政违法双罚制的规范建构》，载《法学》2020 年第 8 期。

③ 黄海华：《行政处罚的重新定义与分类配置》，载《华东政法大学学报》2020 年第 4 期。

④ 吴善鹏、李萍、张志飞：《政务大数据环境下的数据治理框架设计》，载《电子政务》2019 年第 2 期。

全问题，将之置于当下发展和未来建设的重要位置，设定了财产罚和资格罚等两种具体处罚，并大大提高了罚款金额的下限。由此可能会引发一个问题，财产罚和资格罚并用，是否违反行政处罚的“一事不再罚”原则，答案显然是否定的。对于罚款以外的其他类型处罚，如没收违法所得、暂扣或吊销许可证等，原则上可以并处。因为不同类型的处罚在制裁效果和目的上都有较大差异，允许并处更有利于行政目的的实现。[①] 而本款中更为重要的一点在于，和我国刑法规定相衔接，对于构成犯罪的违法行为，将由刑法规定追究刑事责任。这一句话主要涉及的是行刑规范的衔接问题，具体来说是两个方面：

1. 本款规定与刑法规定的衔接。“构成犯罪的，依法追究刑事责任”的表述，一般被称为非刑事法律中的附属刑法规范，按照该条款与刑法典的关系，可以区分为照应式规范、填充式规范与区分式规范。[②] 从我国现行《刑法》的规定与刑事审判实践来看，涉及数据利益保护和数据安全的罪名，主要包括侵犯商业秘密罪（第 219 条）、侵犯公民个人信息罪（第 253 条）、非法获取计算机信息系统数据罪（第 285 条第 2 款）、拒不履行网络安全管理义务罪（第 286 条第 1 款）、破坏计算机信息系统罪（第 286 条第 2 款）等，可以看出，我国《刑法》和司法解释中对于数据犯罪的处置规则大致能概括为两种路径：一是基于数据的本质属性，将其作为信息以非无权形式加以保护；二是依据数据的技术特性、将其作为计算机系统的内在组成部分加以保护。[③] 也有学者批评，以计算机类罪名为主保护数据服务会导致计算机犯罪的口袋化，“以财产类罪名为主、以计算机类罪名为辅”的模式更符合数字经济时代财物的变迁趋势[④]，但从另一方面来

① 马怀德：《〈行政处罚法〉修改中的几个争议问题》，载《华东政法大学学报》2020 年第 4 期。

② 吴允锋：《非刑事法律规范中的刑事责任条款性质研究》，载《华东政法大学学报》2009 年第 2 期。

③ 王倩云：《人工智能背景下数据安全犯罪的刑法规制思路》，载《法学论坛》2019 年第 2 期。

④ 高艳东、李诗寒：《数字时代财产犯罪中财物的扩张解释：以数据服务为例》，载《吉林大学社会科学学报》2020 年第 5 期。

看，财产类罪名却无法规制本款的违法行为，因为本款所保护的法益是国家主权、安全和发展利益，应当以刑法分则“危害国家安全罪”予以规制，单从以上各罪保护的法益来看，更多地还是集中在知识产权、公民人身权利、民主权利和社会管理秩序上。但如前所述，核心数据和国家安全紧密关联，将其认定为“国家秘密”也并无不妥，除上述罪名外，亦可通过认定为境外窃取、刺探、收买、非法提供国家秘密、情报罪（第111条）等罪名实现刑事制裁的目的。因此，本款应当属于填充式规范，对刑法中空白罪状的规定起填补作用。即使本款设置了这样一条衔接规定，在实务中亦应注意：刑法作为其他法律的保障法，处于补充性的地位，且刑法同时具有独立性，对于经济、行政法规规定要追究刑事责任的行为能否构成刑事犯罪，还应坚持刑法的独立性判断原则。虽然依照本法规定，本条所指行为为违法行为，但是否构成犯罪只能依据《刑法》，如果在《刑法》中找不到相应规范，则不能认定为犯罪。[①]

2. 行政处罚与承担刑事责任的衔接。根据《行政处罚法》第8条第2款、第27条和国务院《行政执法机关移送涉嫌犯罪案件的规定》规定，如果违法行为已构成犯罪，应当依法追究刑事责任，行政机关不得以行政处罚代替刑事处罚，必须依法向公安机关移送；行政机关已经作出人身罚或者财产罚的行政处罚，相关的行政处罚和刑事处罚应进行折抵。值得考虑的是，当前网络犯罪和数据安全犯罪的一个显著趋势是跨地区跨境作案常态化，涉案证据大多数甚至全部是电子数据，且分散于境内外的网络服务器中，案件的侦破、取证、抓捕罪犯、挽回损失等困难大，能够进入司法程序的案件有限[②]，因此对于行刑处罚的衔接，一个可以考虑的原则是“同步协调”原则，即无论是行政执法机关，还是刑事司法机关，一旦发现同一违法、犯罪行为的线索，就先立案、先调查、先处罚，行政执法机关针对涉嫌犯罪行为采取移送而不停止调查及处罚，刑事司法机关

① 吴允锋：《非刑事法律规范中的刑事责任条款性质研究》，载《华东政法大学学报》2009年第2期。

② 皮勇：《论新型网络犯罪立法及其适用》，载《中国社会科学》2018年第10期。

针对需要及时采取能力（资格）罚的犯罪行为则商请行政执法机关及时作出处罚决定。[①]

【关联规定】

本法第 21 条、第 49 条，《中华人民共和国行政处罚法》第 8 条、第 9 条，《中华人民共和国刑法》第 111 条、第 219 条、第 253 条、第 285 条、第 286 条

（撰稿人：何傲翾）

第四十六条　【违反数据出境管理规定的法律责任】 违反本法第三十一条规定，向境外提供重要数据的，由有关主管部门责令改正，给予警告，可以并处十万元以上一百万元以下罚款，对直接负责的主管人员和其他直接责任人员可以处一万元以上十万元以下罚款；情节严重的，处一百万元以上一千万元以下罚款，并可以责令暂停相关业务、停业整顿、吊销相关业务许可证或者吊销营业执照，对直接负责的主管人员和其他直接责任人员处十万元以上一百万元以下罚款。

【释义】

本条规定的是违反数据出境安全管理规定，向境外提供重要数据的法律责任。该条在本法的两次审议稿中均未出现，是本法最终通过时的新设规定，通过补充法律责任进一步完善了数据出境安全管理制度体系，也从侧面体现出数据出境安全管理对我国数据宏观安全的重要意义。

---

① 练育强：《行刑衔接中的行政执法边界研究》，载《中国法学》2016 年第 2 期。

本法第31条按照主体是否为关键信息基础设施运营者，区分了数据出境安全管理的不同法律依据。关键信息基础设施承载着提供公共产品服务、维持社会有序运行、捍卫国家主权安全等重要职能，主要覆盖公共通信、能源、水利、交通、电子政务等重要行业和领域，应以涉及国家安全、国计民生和公共利益为主要判断标准①，其运营者在中华人民共和国境内运营中收集和产生的重要数据的出境安全管理，适用《网络安全法》的规定；对于其他数据处理者，在中华人民共和国境内运营中收集和产生的重要数据的出境安全管理办法，由国家网信部门会同国务院有关部门制定。

《国家安全法》第25条规定："国家建设网络与信息安全保障体系，提升网络与信息安全保护能力，加强网络和信息技术的创新研究和开发应用，实现网络和信息核心技术、关键基础设施和重要领域信息系统及数据的安全可控；加强网络管理，防范、制止和依法惩治网络攻击、网络入侵、网络窃密、散布违法有害信息等网络违法犯罪行为，维护国家网络空间主权、安全和发展利益。"充分表明网络和信息的关键基础设施安全、重要领域信息系统和数据安全，都是国家安全的重要内容。《网络安全法》"网络运行安全"章也用一节规定了"关键信息基础设施安全"，第37条规定："关键信息基础设施的运营者在中华人民共和国境内运营中收集和产生的个人信息和重要数据应当在境内存储。因业务需要，确需向境外提供的，应当按照国家网信部门会同国务院有关部门制定的办法进行安全评估；法律、行政法规另有规定的，依照其规定。"关键信息基础设施是国家安全的应有之义，关键信息基础设施在运营中收集和产生的重要数据，也涉及国家安全，这是大数据在国家法益层面的重要意义。② 伴随"数据风险"成为新型的社会风险因素，具有高频度、可变性和不可预见性，呈

---

① 张建文、贾章范：《法经济学视角下数据主权的解释逻辑与制度构建》，载《重庆邮电大学学报（社会科学版）》2018年第6期。

② 劳东燕：《个人数据的刑法保护模式》，载《比较法研究》2020年第5期。

现“法益侵害风险社会化”的趋向[①]，其他并非来源于关键信息基础设施的重要数据也会对国家安全和动态的网络运行安全造成显著影响，如果此类数据被境外组织、个人所掌握，也会对一国主权安全和数据安全造成隐患，因此应对其出境予以管理。目前我国关于数据出境安全管理的代表性立法成果为《个人信息出境安全评估办法（征求意见稿）》，其中规定所有个人信息出境均应当依法向网信部门申报并由网信部门组织开展安全评估。

在对本条进行理解适用时，应当注意以下几点：

第一，本条规定的违法行为模式是违法向境外提供重要数据。具体而言包括：1. 由于本法第 31 条明示关键信息基础设施运营者适用《网络安全法》相关规定，因此《网络安全法》及与关键信息基础设施运营者有关的法律、行政法规应当作为法律依据，如关键信息基础设施的运营者在中华人民共和国境内运营中收集和产生的个人信息和重要数据在境外存储，没有进行安全评估等均属于本条涵盖的违法行为；2. 其他数据处理者的重要数据出境安全管理，应当遵照国家网信部门会同国务院有关部门制定的行政法规。违反该类法规，向境外提供重要数据的行为，均受到本条规制。

第二，在对“向境外提供重要数据”即数据出境的判定上，虽然学界和实务界对数据跨境的定义还未达成共识，但这些定义中都涉及三个层面的问题：1. 主体是可被机器识别的数据；2. 范围需突破地理上的边境；3. 对数据要进行存储、读取和编辑等操作。[②]《个人信息出境安全评估办法（征求意见稿）》第 2 条对个人信息出境曾下过定义：“网络运营者向境外提供在中华人民共和国境内运营中收集的个人信息（以下称个人信息出境）……”综上，对于重要数据出境的判定，应当综合衡量以下三个方面：（1）主体是重要数据，“重要数据”和“核心数据”不同，并不局限于关乎国计民生的政务数据范畴，对公民基本权利、社会基本运行、国家

---

① 张勇：《数据安全法益的参照系与刑法保护模式》，载《河南社会科学》2021 年第 5 期。

② 高山行、刘伟奇：《数据跨境流动规制及其应对——对〈网络安全法〉第三十七条的讨论》，载《西安交通大学学报（社会科学版）》2017 年第 2 期。

利益能起到重要影响的数据都可以认定为重要数据；（2）重要数据需突破我国的地理意义的边境，即去往“境外”，这也是依据网络主权和数据主权理念可以推出的必要条件；（3）数据应通过“境内运营”收集和产生，并有向境外“提供”的限定条件。《网络安全法》第37条、本法第31条均强调重要数据是在“中华人民共和国境内运营中收集和产生”，那么境外收集和产生的个人信息经由我国中转出境的情形，则不属于本条所涉情形。另外，通过“提供”一词，强调个人信息出境活动需满足个人信息控制者的转换。①

第三，在具体处罚的设定上，本条依然沿用了双罚制的原则，具体处罚包括责令改正、警告、罚款。本条第二句话同时也规定了加重情节，但没有设定具体情形，有赖于在行政裁量和司法实践中结合实际情境予以认定。加重情节下，对组织可以处以责令暂停相关业务、停业整顿、吊销相关业务许可证或者吊销营业执照的处罚，罚款金额的上下限也都显著提高。

总的来看，本条的规定，既能有效避免处理数据的主体未经法定程序擅自向境外提供数据，尤其是避免向境外司法和执法机构提供在我国境内收集和产生的重要数据，将对我国境内重要数据安全起到保障作用；同时，基于数据的资源属性，在网络空间中，各国并非采用外层空间等区域的联合共治模式，而是努力试图在主权方面作出超地域的扩展②，部分在网络空间推行霸权主义和强权政治的国家和一些掌握前沿网络技术和关键技术的国家会通过综合国力优势和制度优势，对跨国公司等组织实体施压以获得其他国家的重要数据，本条也为跨国公司等实体对未经刑事司法互助而直接开展的数据调取提供了相应依据。

---

① 覃庆玲：《数据出境安全评估若干问题探究》，载中央网信办、国家网信办网站，http://www.cac.gov.cn/2019－06/26/c_1124675681.htm，2021年6月14日访问。

② 裴炜：《向网络信息业者取证：跨境数据侦查新模式的源起、障碍与建构》，载《河北法学》2021年第4期。

【关联规定】

《中华人民共和国国家安全法》第 25 条，《中华人民共和国网络安全法》第 37 条

（撰稿人：何傲翾）

第四十七条 【从事数据交易中介服务的机构未履行说明审核义务的法律责任】从事数据交易中介服务的机构未履行本法第三十三条规定的义务的，由有关主管部门责令改正，没收违法所得，处违法所得一倍以上十倍以下罚款，没有违法所得或者违法所得不足十万元的，处十万元以上一百万元以下罚款，并可以责令暂停相关业务、停业整顿、吊销相关业务许可证或者吊销营业执照；对直接负责的主管人员和其他直接责任人员处一万元以上十万元以下罚款。

【释义】

本条规定的是从事数据交易中介服务的机构未履行说明审核义务的法律责任，该义务的来源是本法第 33 条的规定："从事数据交易中介服务的机构提供服务，应当要求数据提供方说明数据来源，审核交易双方的身份，并留存审核、交易记录。"本条在本法历次审议和修改过程中均未发生变化。

在大数据交易法律关系中，主要包括三类主体：数据供方（卖方）、数据需方（买方）、数据交易服务机构或者平台（交易中介），其中数据交易服务机构是为数据供需双方提供交易服务的组织；数据交易服务平台是数据交易服务机构用来为供需双方提供数据交易的信息化平台。根据大

数据交易平台作用的不同，大数据交易模式可被划分为两类：一种是基于中介加处理的大数据交易平台的大数据交易，另一种是基于纯粹中介的大数据交易平台的大数据交易。① 自 2008 年起，随着“数据市场”“数据银行”等概念被相继提出，国外大数据交易实践正式开始，大数据交易市场相继建立。IBM、HP、富士通等传统 IT 公司和 Factual 等新成立的公司纷纷涉足大数据领域；国内大数据交易的重大事件则是中关村大数据交易产业联盟成立、中关村数海大数据交易平台上线和贵阳大数据交易所挂牌营业。② 经过近年来的试点探索，我国数据市场得到了初步发展，产生了一些从事“交易中介 + 加工分析”服务的新业态，有效促进了数据交易流通③，但是，数据交易亦不能以牺牲数据安全为代价，在现有规则中，交易数据应“通过合法渠道获取，权利清晰无争议，并具备准确性、真实性”，涉及国家秘密、个人信息、他人知识产权、商业秘密以及法律、行政法规禁止的其他内容的信息则被禁止交易。④ 为确保交易数据来源合规，交易中介机构应当承担一定审核义务，在我国首部数据交易领域的地方性法规《天津市数据交易管理暂行办法（征求意见稿）》中，也规定数据交易服务机构对数据供方提供的数据来源合法性有义务进行审核。本法第 33 条进一步规定从事数据交易中介服务的机构还需审核交易双方的审核，留存审核、交易记录，从交易服务一侧保证数据交易安全稳定。

本条是关联本法第 33 条的法律责任条款，在理解适用上有以下几个重点：

第一，本条规定的违法行为模式是违反本法第 33 条设定的义务，具体而言包括：1. 未要求数据提供方说明数据来源；2. 未审核交易双方的身份；3. 未留存审核、交易记录。有以上行为之一的，就已经构成对本法

---

① 张敏、朱雪燕：《我国大数据交易的立法思考》，载《学习与实践》2018 年第 7 期。

② 王玉林、高富平：《大数据的财产属性研究》，载《图书与情报》2016 年第 1 期。

③ 田杰棠：《数据交易、数据权利与数据要素市场培育》，载腾讯研究院微信公众平台，https://mp.weixin.qq.com/s/KERBaeva35UcXMHfl887HQ，2021 年 6 月 14 日访问。

④ 张阳：《大数据交易的权利逻辑及制度构想》，载《太原理工大学学报（社会科版）》2016 年第 5 期。

第33条设定义务的违反。

第二，本条除设定责令改正、罚款外，还设定了“没收违法所得”作为处罚方式之一，并且和罚款并用，规定“处违法所得一倍以上十倍以下罚款”。对于没收违法所得的性质，目前学界对其是否属于行政处罚多有争议。[①] 从法条规定来看，《行政处罚法》第9条中，“没收违法所得”和“罚款”“没收非法财物”并列；从没收违法所得的法律效果来看，剥夺违法行为人的权益和财产从效果上的确会对当事人产生不利的制裁和惩戒效果[②]，将其纳入行政处罚的范畴并无不妥。在对“违法所得”的理解上，通说认为是指违法行为人从事非法经营等获得的利益。[③] 也有学者认为，在任何国家和地区，人们都会强烈反对违法者自由享用从违法行为中获得的利益，因此没收违法所得具有重要的符号功能，违法所得应指由国家没收的实际从实施损害公共利益的违法行为中直接或者间接获得的利润或收入。[④] 如果从法理上讲，没收违法所得的依据则是“任何人都不得从自己的错误行为中获利”，这是由于，基于违法行为而获得的财产性收入属于“不义之财”，应予没收。[⑤] 结合本条来看，从事数据交易中介服务的机构未履行法定义务，构成违法行为，如果因此获利，则应予以没收。

从没收违法所得的内涵出发，可以分析违法所得的构成要件有三：

1. 有违法行为。违法行为应当指行为侵害行政管理秩序，在行政法上被认为侵害了公法益的行为[⑥]，不包括侵害私法益的行为。例外情况

---

① 对于没收违法所得的性质争议，参见马怀德：《〈行政处罚法〉修改中的几个争议问题》，载《华东政法大学学报》2020年第4期；王青斌：《行政法中的没收违法所得》，载《法学评论》2019年第6期。

② 马怀德：《〈行政处罚法〉修改中的几个争议问题》，载《华东政法大学学报》2020年第4期。

③ 姜明安主编：《行政法与行政诉讼法（第6版）》，北京大学出版社、高等教育出版社2015年版，第267页。

④ 肖泽晟：《违法所得的构成要件与数额认定——以内幕交易为例》，载《行政法学研究》2013年第4期。

⑤ 冯博：《没收违法所得与罚款在反垄断执法中的组合适用》，载《法商研究》2018年第3期。

⑥ 张明楷：《避免将行政违法认定为刑事犯罪：理念、方法与路径》，载《中国法学》2017年第4期。

是，在因损害他人利益而获得的利益无法返还受害人时，国家应当加以没收。[①]

2. 实施行为的主体有所得。基于没收违法所得的补偿性功能，“所得”既不是销售额，也不是利润，而是因违法而获得的利润[②]，而且必须是实际获得的利润，潜在所得和预期利润不属此列，但要注意这种利益应当扣除已经缴纳的税费，但不能扣除所谓的成本。[③]

3. 所得与违法之间存在因果关系。因违法行为与其他因素的共同作用而产生的所得，也是应由国家予以没收的违法所得。[④]

第三，本条对没收违法所得不足以完全落实制裁性的情形，规定了补充措施，即处十万元以上一百万元以下罚款，并可以责令暂停相关业务、停业整顿、吊销相关业务许可证或者吊销营业执照。这一句话的适用前提应当是“没有违法所得或者违法所得不足十万元”。

第四，本条同样确立了双罚制，在处罚组织的同时，对直接负责的主管人员和其他直接责任人员处一万元以上十万元以下罚款。

【关联规定】

《中华人民共和国行政处罚法》第 9 条

（撰稿人：何傲翾）

第四十八条　【拒不配合数据调取的法律责任】违反本法第三十五条规定，拒不配合数据调取的，由有关主管部门责令改正，给予警告，并处五万元以上五十万元以下罚款，对直接

---

① 肖泽晟：《违法所得的构成要件与数额认定——以内幕交易为例》，载《行政法学研究》2013 年第 4 期。

② 冯博：《没收违法所得与罚款在反垄断执法中的组合适用》，载《法商研究》2018 年第 3 期。

③ 马怀德：《〈行政处罚法〉修改中的几个争议问题》，载《华东政法大学学报》2020 年第 4 期。

④ 肖泽晟：《违法所得的构成要件与数额认定——以内幕交易为例》，载《行政法学研究》2013 年第 4 期。

负责的主管人员和其他直接责任人员处一万元以上十万元以下罚款。

违反本法第三十六条规定，未经主管机关批准向外国司法或者执法机构提供数据的，由有关主管部门给予警告，可以并处十万元以上一百万元以下罚款，对直接负责的主管人员和其他直接责任人员可以处一万元以上十万元以下罚款；造成严重后果的，处一百万元以上五百万元以下罚款，并可以责令暂停相关业务、停业整顿、吊销相关业务许可证或者吊销营业执照，对直接负责的主管人员和其他直接责任人员处五万元以上五十万元以下罚款。

【释义】

本条规定的是拒不配合数据调取的法律责任，该义务的来源是本法第35条和第36条的规定。相较于《数据安全法（草案第二次审议稿）》，最终通过的本条做出了两处修改：第一，对于违反第36条的行为，删去了“责令改正”的处理，降低了对违反第36条的直接负责的主管人员和其他直接责任人员的处罚金额；第二，增加了一句话，规定了造成严重后果的法律责任。

本法第35条规定：“公安机关、国家安全机关因依法维护国家安全或者侦查犯罪的需要调取数据，应当按照国家有关规定，经过严格的批准手续，依法进行，有关组织、个人应当予以配合。”从我国公安机关使用数据库查询、比对、分析各种记录的发展状况来看，自1998年公安部启动“金盾工程”开始，各类数据库建设与应用就逐步成为重要的侦查手段，大数据技术在我国侦查实践中的应用方向，既有针对已经发生的刑事案件的回溯性侦查，用以锁定犯罪嫌疑人或查明案件事实，也有防患于未然式的对未来犯罪的预测与预警。[1] 因此，公安机关和国家安全机关在维护国家安全或侦查犯罪过程中，必然要广泛收集和使用数据，但由于数据基本掌握于互联网企业、社会组织等商业机构和社会机构之中，公安机关等侦查机关在对数据进行比对与挖掘时，调取数据是一个必然步骤。本法第 35 条既规定了公安机关、国家安全机关需要依照依法行政的要求调取数据，同时也规定在依法调取数据的安排下，有关组织、个人应当予以配合。如果不进行配合，应当承担法律责任，本条规定的具体责任方式包括：1. 责令改正；2. 给予警告；3. 罚款：处五万元以上五十万元以下罚款，还要对直接负责的主管人员和其他直接责任人员处一万元以上十万元以下罚款。

本法第 36 条规定："中华人民共和国主管机关根据有关法律和中华人民共和国缔结或者参加的国际条约、协定，或者按照平等互惠原则，处理外国司法或者执法机构关于提供数据的请求。非经中华人民共和国主管机关批准，境内的组织、个人不得向外国司法或者执法机构提供存储于中华人民共和国境内的数据。"该条主要用于规制跨境数据调取问题。从国际范围来看，在棱镜门事件发酵之后，各国迅速通过立法对境内的网络、数据进行保护，强化了数据本地化存储的要求，对数据的跨境流动进行限制[2]，这是捍卫本国数据主权、防止本国相关管辖权被他国长臂管辖所架空和弱化的现实举措。第 36 条分为两个层次建构具体规则，其一是对于构成刑事司法互助的数据调取请求，我国主管机关将按照互助形式予以处理；其二是未经我国主管机关批准，不得将存储于我国境内的数据提供给外国司法或执法机构。作为与第 36 条相互配套而规定的本条，对于违反第 36 条规定，未经主管机关批准向外国司法或者执法机构提供数据的，本条规定的具体责任方式包括：1. 给予警告；2. 罚款：处十万元以上一百万元以下罚款，对直接负责的主管人员和其他直接责任人员可以处一万

① 程雷：《大数据侦查的法律控制》，载《中国社会科学》2018 年第 10 期。
② 唐彬彬：《跨境电子数据取证规则的反思与重构》，载《法学家》2020 年第 4 期。

元以上十万元以下罚款。在本法第二次审议后，又新增了一句话，对于“造成严重后果”的加重情形，规定的责任方式包括：1. 罚款：处一百万元以上五百万元以下罚款，对直接负责的主管人员和其他直接责任人员处五万元以上五十万元以下罚款；2. 资格罚：可以责令暂停相关业务、停业整顿、吊销相关业务许可证或者吊销营业执照。

【关联规定】

《中华人民共和国国际刑事司法协助法》第 4 条，《最高人民法院、最高人民检察院、公安部关于办理网络犯罪案件适用刑事诉讼程序若干问题的意见》第 15 条，《最高人民法院、最高人民检察院、公安部关于办理刑事案件收集提取和审查判断电子数据若干问题的规定》第 9 条

（撰稿人：何傲翾）

第四十九条　【国家机关不履行数据安全保护义务的法律责任】 国家机关不履行本法规定的数据安全保护义务的，对直接负责的主管人员和其他直接责任人员依法给予处分。

【释义】

本条规定了国家机关不履行数据安全保护义务的法律责任。本条的特殊性在于，虽然违法主体是不履行法定义务的国家机关，但处罚的对象则是国家机关内的人员，属于单罚制。本条在本法历次审议中均未做出修改。

国家机关作为政务数据的收集者和使用者，应履行数据安全保护义务，保障政务数据安全，具体规定体现为本法第 39 条：“国家机关应当依照法律、行政法规的规定，建立健全数据安全管理制度，落实数据安全保护责任，保障政务数据安全。”从学理上看，国家机关等机关法人的

财产来源于国家财政拨款，收入上归国库，支出由财政预算负责[①]，因此，本条对不履行网络安全保护义务的国家机关未规定罚款处罚，而是直接追究直接负责的主管人员和其他直接责任人员的责任。

对本条的理解，有以下几个重点：

第一，数据安全保护义务是一个内容多样并保持动态发展的义务体系，受数据安全情势的影响，可能会呈现出逐渐扩张的趋势，本条限定于“本法规定”内的数据安全保护义务，重点应为数据安全管理制度。因此，如果要对本条规制的违法行为进行类型化分析，应当包括未依照法律、行政法规的规定，建立健全数据安全管理制度，未落实数据安全保护责任等。

第二，本条规定的单罚制在学理上一般称为“代罚制”。[②] 代罚制在我国刑律和治安管理处罚法律法规中都有体现，如《治安管理处罚法》第18条规定：“单位违反治安管理的，对其直接负责的主管人员和其他直接责任人员依照本法的规定处罚。其他法律、行政法规对同一行为规定给予单位处罚的，依照其规定处罚。”采纳代罚制的原因如前所述，盖因国家机关不能作为行政处罚的对象，对不履行数据安全保护义务实施制裁，只能对国家机关工作人员进行。

第三，本条规定的“处分”包括政务处分和公务员处分。政务处分是监察机关对公职人员的职务违法行为做出的处置决定，政务处分的设置不仅实现了党的纪律处分与行政纪律处分的衔接，而且覆盖所有公职人员。[③]《监察法》规定，监察机关依法履行监督、调查、处置的职责，有权对违法的公职人员依法做出政务处分决定（第11条）；政务处分决定分为警告、记过、记大过、降级、撤职、开除六种（第45条第1款第2项），因此，结合本条规定，对于需要进行处分的直接负责的主管人员和其他直接责任人员，则由监察机关根据违法行为的性质、情节及危害程度，决定给

---

① 张成松：《机关法人责任独立性：一个财政法的观测视角》，载《河北法学》2020年第10期。

② 喻少如：《论单位违法责任的处罚模式及其〈行政处罚法〉的完善》，载《南京社会科学》2017年第4期。

③ 朱福惠：《国家监察法对公职人员纪律处分体制的重构》，载《行政法学研究》2018年第4期。

予警告、记过、记大过、降级、撤职或者开除处分。政务处分是在我国监察体制改革后确立的，除政务处分外，我国还有依据《公务员法》进行的公务员处分，但二者种类完全相同，性质均属于内部纪律处分，具有融通性，只是两者适用主体、对象和情形不尽相同。[①]《公务员法》第61条规定："公务员因违纪违法应当承担纪律责任的，依照本法给予处分或者由监察机关依法给予政务处分……对同一违纪违法行为，监察机关已经作出政务处分决定的，公务员所在机关不再给予处分。"通过处分手段，将有效倒逼主管人员和从事数据活动的公职人员采取措施履行数据安全保护义务，将有效促进数据安全管理制度法治化、规范化，保障政务数据安全稳定。

【关联规定】

《中华人民共和国监察法》第11条、第45条，《中华人民共和国公务员法》第61条

（撰稿人：何傲翾）

第五十条　【国家工作人员失职尚不构成犯罪的法律责任】履行数据安全监管职责的国家工作人员玩忽职守、滥用职权、徇私舞弊的，依法给予处分。

【释义】

本条规定的是履行数据安全监管职责的国家工作人员失职，应依法给予处分。本条在最终通过时，删去了"尚不构成犯罪的"的表述，直接规定对玩忽职守、滥用职权、徇私舞弊的国家工作人员给予处分。

本法和《网络安全法》等法律和有关行政法规均赋予了包括网信部门

① 朱福惠：《论监察法上政务处分之适用及其法理》，载《法学杂志》2019年第9期。

和有关部门在内的国家机关数据安全监管职责。“数据安全监管”内涵广泛，不仅包括完善数据安全保障、评估体系及安全审查制度，还包括承担监督本法等数据安全法规的具体落地执行、积极接受和处理数据安全方面的举报投诉，开展面向全社会的数据安全教育、咨询服务、明确各类涉数利益主体分级分类安全管理主体责任等具体职责。[①] 对于国家机关而言，应当依照法律、行政法规规定的权限、程序等履行职责，本条则规定了履行数据安全监管职责的工作人员渎职行为的法律责任，渎职行为具体包括玩忽职守、滥用职权、徇私舞弊。

在对本条进行理解适用时，应注意以下几个方面：

第一，本条所指的“国家工作人员”概念，可以参照《刑法》第93条的规定：“本法所称国家工作人员，是指国家机关中从事公务的人员。国有公司、企业、事业单位、人民团体中从事公务的人员和国家机关、国有公司、企业、事业单位委派到非国有公司、企业、事业单位、社会团体从事公务的人员，以及其他依照法律从事公务的人员，以国家工作人员论。”例如，虽未列入国家机关人员编制，但在国家机关中从事公务的人员，还有在实践中由于受到国家机关编制等的限制，有的国家机关采取招聘等方式使用国家机关以外的人从事公务，行使国家机关在某一领域的管理权，有同国家机关工作人员相同的职权，均应以国家工作人员论[②]，亦属于本条的适用对象。一般而言，有数据安全监管职责的工作人员，来自网信部门较多，此外也有来自大数据管理局等新型数据管理职能部门。

第二，“玩忽职守”是指国家工作人员严重不负责任，不履行或不认真履行职责。“滥用职权”是指国家工作人员超越职权，违法决定、处理其无权决定、处理的事项。“徇私舞弊”是指国家工作人员为了私情或牟取私利，玩忽职守、滥用职权。[③] 对于国家工作人员玩忽职守、滥用职权、

---

① 曾铮、王磊：《数据要素市场基础性制度：突出问题与构建思路》，载《宏观经济研究》2021年第3期。

② 刘仁文：《刑法中“国家工作人员”概念的立法演变》，载《河南大学学报（社会科学版）》2010年第6期。

③ 杨合庆：《中华人民共和国网络安全法释义》，中国法制出版社2017年版，第145页。

徇私舞弊，尚不构成犯罪的，进行处分。此处的“处分”含义同本法第49条相同，同样应当由其任免机关或监察机关按照管理权限，根据违法行为的性质、情节及危害程度，决定给予警告、记过、记大过、降级、撤职或者开除处分。

【关联规定】

《中华人民共和国刑法》第93条

（撰稿人：何傲翾）

第五十一条　【非法数据处理活动的处罚】 窃取或者以其他非法方式获取数据，开展数据处理活动排除、限制竞争，或者损害个人、组织合法权益的，依照有关法律、行政法规的规定处罚。

【释义】

本条规定了几种非法数据处理活动处罚的法律适用。本条在《数据安全法》起草过程中修改较多，第一，相比于《数据安全法（一审稿）》第47条[①]，《数据安全法（二审稿）》第49条明确数据处理活动不应“排除、限制竞争”；第二，正式通过的《数据安全法》将《数据安全法（二审稿）》中“开展数据处理活动危害国家安全、公共利益”更改为“窃取或者以其他非法方式获取数据”，强调了获取数据的合法性要求。

对于本条的理解需要结合本法第32条、第52条的相关规定，明确以下几个要点。

---

① 《数据安全法（一审稿）》第47条：“通过数据活动危害国家安全、公共利益，或者损害公民、组织合法权益的，依照有关法律、行政法规的规定处罚。”

第一是明确了窃取或者以非法方式获取数据的法律后果与其他法律的衔接。《数据安全法》第 32 条规定了“不得以窃取或者以其他非法方式获取数据”，但未规定该行为的法律后果。本条通过衔接性规定笼统规定了该行为的法律后果系应当依照有关法律、行政法规的规定处罚，按照第 52 条承担相应法律责任。以典型的数据窃取“爬虫”技术为关键字在中国裁判文书网进行检索，其中四分之三的案件集中在民事领域，刑事案件和行政案件占比四分之一。民事案由主要为“知识产权与竞争纠纷”，而刑事案由主要为《刑法》第 253 条之一规定的“侵犯公民个人信息罪”和第 285 条、第 286 条规定的计算机网络犯罪。例如，金某某、潘某侵犯著作权罪案[①]中，被告人以冰豆公司的名义雇用员工开发“免费小说书城”手机 App 软件，并编写爬虫软件从互联网上抓取小说数据储存至租用的阿里云服务器软件即从互联网上抓取用户所需的小说内容，发送并缓存至上述服务器内，供用户免费阅读，即将被爬取的作品在互联网上公开传播，侵犯了著作权人的信息网络传播权，情节严重的有可能构成侵犯著作权罪。2020 年魔蝎公司案[②]中涉案单位魔蝎公司犯侵犯公民个人信息罪，魔蝎公司主要与各网络贷款公司、小型银行进行合作，为网络贷款公司、银行提供需要贷款的用户的个人信息及多维度信用数据，魔蝎公司将其开发的前端插件嵌入上述网贷平台 App 中，当网贷平台用户使用网贷平台的 App 借款时，贷款用户需要在魔蝎公司提供的前端插件上，输入其通讯运营商、社保、公积金、淘宝、京东、学信网、征信中心等网站的账号、密码，经过贷款用户授权后，魔蝎公司的爬虫程序代替贷款用户登录上述网站，进入其个人账户，利用各类爬虫技术，爬取（复制）上述企、事业单位网站上贷款用户本人账户内的通话记录、社保、公积金等各类数据，并按与用户的约定提供给网贷平台用于判断用户的资信情况，并从网贷平台获取每笔 0.1 元至 0.3 元不等的费用。杭州西湖区人民法院认为，魔蝎公司明确

---

① （2018）沪 0110 刑初 150 号。

② （2020）浙 0106 刑初 437 号。

告知不会保存用户各类账号密码，还是未经许可非法留存用户信息，是以其他方法非法获取公民个人信息，构成侵犯公民个人信息罪。

第二是明确了数据处理活动不应排除、限制竞争。在欧美等国家和地区，竞争执法机构已经在数据与垄断问题上积累了丰富经验。2020 年 12 月 15 日，欧盟委员会提出了两项与网络服务有关的法案，聚焦不正当竞争的《数字市场法案》和聚焦线上非法有害内容的《数字服务法案》，目标是被称为“看门人”的大型科技公司。多年来，与其他全球大型经济体相比，欧盟一直较为关注科技巨头公司过于庞大、遏制小公司市场竞争的问题。根据《数字市场法案》，“看门人”企业不得使自营产品在自有平台上的排名凌驾于竞争对手，不能使用竞争对手的数据与他们竞争，“看门人”企业需要向监管机构告知较小规模的收购交易。待这两项法案通过后，欧盟监管机构将有权对违反有关法律的企业处以巨额罚款，最高可达其全球年收入的 10%。[①] 同日，英国政府发布了《在线安全立法》计划，要求大型科技企业所拥有的在线平台加强对非法内容的管控。除此之外，英国竞争与市场管理局上周公布了另一项针对数字市场高科技企业的立法提案，根据该法案，违反英国数字市场竞争规则的科技企业巨头，可能被处以数十亿英镑的罚款。2016 年，德国联邦卡特尔局和法国竞争管理局发表了“竞争法与数据”的联合报告。[②] 2020 年 10 月美国司法部在一份法庭文件中起诉谷歌，称其非法行为使谷歌在在线搜索领域积聚垄断力量。美国司法部称，谷歌切断了竞争对手的关键分销渠道，以保持其主导地位。[③] 这些和其他反竞争的做法损害了竞争和消费者，降低了创新的新公

---

① 《欧盟“数字宪法”亮相：多国新规剑指垄断 科技巨头迎来“强监管”时代》，载工人日报，https：//www. 3news. cn/yaowen/2020/1218/486531. html，2021 年 6 月 14 日访问。

② 丁晓东：《论数据垄断：大数据视野下反垄断的法理思考》，载《东方法学》2016 年第 1 期。

③ 通过起诉声称谷歌通过以下方式非法维持了搜索和搜索广告的垄断：签订排他性协议，禁止预先安装任何竞争的搜索服务。通过捆绑和其他安排，迫使谷歌将搜索应用程序预先安装在移动设备的黄金位置，并且无论消费者偏好如何，都不能删除这些应用程序。与苹果公司达成长期协议，要求谷歌成为苹果公司广受欢迎的 Safari 浏览器和其他苹果搜索工具的默认——事实上是独家——通用搜索引擎。通常利用垄断利润为其搜索引擎在设备、网络浏览器和其他搜索访问点上购买优惠待遇，创造了一个持续的、自我强化的垄断循环。

司发展、竞争和约束谷歌行为的能力。此外，加拿大、日本等国，也于近期针对大型科技企业推出了类似的监管措施。而除欧盟整体层面外，法国、意大利、西班牙等欧盟国家还制定了本国的相关规定。

我国数据处理活动中的排除、限制竞争应当是指经营者违反《反垄断法》的规定进行数据处理活动，实施垄断协议、滥用市场支配地位等垄断行为。例如，《反垄断法》明确禁止经营者在其经营活动中排除、限制市场竞争。国务院反垄断委员会此前发布的《国务院反垄断委员会关于平台经济领域的反垄断指南》中，明确提及了经营者利用数据或算法排除、限制竞争的多种行为模式。经营者通过数据、算法、平台规则或者其他方式实质上达成协调一致的行为（垄断协议）；经营者通过平台规则、数据、算法、技术等方面的实际设置限制或者障碍的方式限定交易（滥用市场支配地位限定交易）；基于大数据和算法，根据交易相对人的支付能力、消费偏好、使用习惯等，实行差异性交易价格或者其他交易条件（滥用市场支配地位实施差别待遇）。[①] 此外，平台经营者掌握的数据情况对于认定经营者市场支配地位具有重要意义，《国务院反垄断委员会关于平台经济领域的反垄断指南》详细列举了认定或者推定经营者具有市场支配地位的考量因素，包括经营者的市场份额、相关市场竞争状况、经营者控制市场的能力、经营者的财力和技术条件、其他经营者的依赖程度、市场进入难易程度等。这一规定将数据处理活动与《反不正当竞争法》《反垄断法》等法律法规的规定相结合，促进竞争和创新，提高经济运行效率，维护消费者利益和社会公共利益，体现了我国对数据安全的综合监管思路。《数据安全法》在短期内可能为企业增加一部分数据合规成本，但长远而言，对于企业加强数据合规管理，在国际竞争中增强自身竞争力将具有积极影响。

第三是以损害个人、组织合法权益的数据处理行为作为非法数据处理

---

① 《国务院发布〈国务院反垄断委员会关于平台经济领域的反垄断指南〉》，载法治日报，http：//www.legalinfo.gov.cn/pub/sfbzhfx/zhfxyfzl/yfzlfzcj/202102/t20210208_174696.html，2021 年 6 月 17 日访问。

类型的兜底性规定，衔接现有法律、行政法规的处罚规定，同时也契合本法第 1 条规定的“保护个人、组织的合法权益”立法目的。该规定要求：一是个人、组织的损害事实与非法数据活动之间存在因果关系，二是损害必须是现实已经产生或者必然产生的，不是想象的、虚拟的，是直接的，不是间接的；三是处罚必须是法律、行政法规规定的，只有当法律规定的各项条件具备后，才应当予以处罚。本条文除衔接《反垄断法》《反不正当竞争法》等现有法律、行政法规的相关规定外，还衔接本法第 52 条的规定，当行为主体满足本条规定且满足第 52 条规定时，应当依法承担民事责任、予以治安管理处罚或追究刑事责任。

本条列举了非法数据处理行为的几种类型，意在实现《数据安全法》与现有法律、行政法规的有效衔接，节约立法成本，避免重复规范，推进我国数据治理规范的体系化建设。我国正在构建以《数据安全法》为中心，衔接《反垄断法》《反不正当竞争法》以及《民法典》《刑法》等多部法律的数据保护法律规范体系，对数据合规工作进行部署。随着《数据安全法》的落地与生效，我国数据安全监管领域的法律制度更为完善。

【关联规定】

本法第 32 条、第 52 条，《中华人民共和国反垄断法》第 3 条、第 6 条

（撰稿人：程喆）

第五十二条　【法律责任的兜底条款】违反本法规定，给他人造成损害的，依法承担民事责任。

违反本法规定，构成违反治安管理行为的，依法给予治安管理处罚；构成犯罪的，依法追究刑事责任。

【释义】

本条规定了违反《数据安全法》的法律责任。本法第 52 条将《数据安全法（二审稿）》中“违反治安管理处罚的行为”这一表述改为“违反治安管理的行为”，加强了条文法律用语的规范性和严谨性，与《治安管理处罚法》《网络安全法》第 74 条[①]等法律法规相统一。如果当事人的行为违反本法规定且符合其他法律法规归责要件时，应当依据有关法律法规进行处理，由当事人承担相应的私法责任或公法责任。可以预见在该法施行过程中，有关数据安全的各部门法之间的协调适用会成为重要的命题之一。本法第 32 条规定不得窃取或以非法方式获取数据，该条本身属于不完整规定，在法律责任部分并没有对应的特别责任规定，这与《网络安全法》第 44 条[②]禁止对信息的非法活动相关规定的条文结构相似。因此需要依据法律责任部分的转接规定，作为确立一种法定义务的基础规范而链接其他法律的适用。[③]

本条对于民事责任规定为“违反本法规定，给他人造成损害的，依法承担民事责任。”民事责任是民事法律关系的当事人不依法履行民事法律义务，应当承担的法律后果。如数据收集方在收集数据的过程中欺骗数据提供方，给数据提供方造成损害的，应当依法承担赔偿责任。民事责任根据具体责任性质不同可以分为两大类：一类是违约的民事责任；另一类是侵权的民事责任。违约的民事责任是指合同关系的当事人不依法履行合同约定的义务而应当承担的责任。侵权的民事责任是指民事法律关系的当事人由于自身的过错，给他人的人身权利或者财产权利

---

① 《网络安全法》第 74 条：“违反本法规定，给他人造成损害的，依法承担民事责任。违反本法规定，构成违反治安管理行为的，依法给予治安管理处罚；构成犯罪的，依法追究刑事责任。”

② 《网络安全法》第 44 条：“任何个人和组织不得窃取或者以其他非法方式获取个人信息，不得非法出售或者非法向他人提供个人信息。”

③ 龙卫球：《我国网络安全管制的基础、架构与限定问题——兼论我国〈网络安全法〉的正当化基础和适用界限》，载《暨南学报（哲学社会科学版）》2017 年第 5 期。

造成损害应当承担的责任。根据我国《民法典》第179条的规定，承担民事责任的方式主要：停止侵害，排除妨碍，消除危险，返还财产，恢复原状，修理、重作、更换，继续履行，赔偿损失，支付违约金，消除影响、恢复名誉，赔礼道歉，以上承担民事责任方式，可以单独适用，也可以合并适用。此外，人民法院审理民事案件，还可以对当事人予以训诫、责令具结悔过、收缴进行非法活动的财物和非法所得，并可以依照法律规定处以罚款、拘留。

从归责原则角度看，该条文并非独立的请求权基础，更未确立无过错责任，该款只是依据我国立法惯例所做的一个衔接性的规定。在比较法上，欧盟《一般数据保护条例》（GDPR）第82条采取的是极为严格的责任，该条第2款规定："参与处理的任何控制者应当为违反本条例的数据处理所导致的损害负责。任何处理者，仅在其未遵守本条例对于处理者义务的特别规定或采取超出控制者的合法指令或者与控制者的指令相反的处理行为时，应为数据处理导致的损害负责。"该条第3款规定了控制者和处理者的免责事由，即如果能够证明其无论如何都不应对造成损害的事件负责时，才能免除第2款的责任，而仅证明没有过错或者履行了法定的义务等，都不足以免责。[①] 显然这一免责事由比之前的欧盟《数据保护指令》的要求更高。[②] 德国《联邦数据保护法》第83条区分自动化数据处理与非自动化数据处理分别规定了无过错责任与过错推定，对于自动化的数据处理所产生的损害适用无过错责任，对于非自动化的数据处理，如果损害并不是由于控制人的过错所致，则其不负有赔偿义务。[③] 在我国，很多行政管制性的法律均会在"法律责任"一章中作出类似的规定。事实上，类似《网络安全法》第74条、《数据安全法》第50条中"依法承担民事责任"中"依法"一词即可看出，即便违反本法规

① 程啸：《论侵害个人信息的民事责任》，载《暨南学报（哲学社会科学版）》2020年第2期。

② 欧盟《数据保护指令》（Data Protection Directive）第23条第2款规定，如果数据的控制者能够证明其无须对造成损害的事件负责，即可全部或部分免除责任。

③ Vgl. Paal&Paly，DS－GVO BDSG，2. Auflage 2318，Rn. 4－9.

定给他人造成损害，如何承担民事责任还是要依法（依据《民法典》等法律法规）来认定。

本条对于违反治安管理的行为规定“违反本法规定，构成违反治安管理行为的，依法给予治安管理处罚”。根据《治安管理处罚法》的规定[①]，违反治安管理行为包括妨害公共安全、侵犯人身权利、侵犯财产权利、妨害社会管理四种违法行为，且“尚不够刑事处罚”。目前，《治安管理处罚法》的修改正在进行[②]，2017 年《治安管理处罚法》（公开征求意见稿）第 19 条[③]在 2012 年《治安管理处罚法》第 20 条基础上增加了“利用信息网络实施违反治安管理行为”；同时，征求意见稿增设了第 30 条[④]关于生产、销售无线电设备的规定；在第 31 条[⑤]中明确了违法“获取该计算机信息系统中存储、处理或者传输的数据”的处罚；增设第 32 条[⑥]网络服务提

① 《治安管理处罚法》第 2 条：“扰乱公共秩序，妨害公共安全，侵犯人身权利、财产权利，妨害社会管理，具有社会危害性，依照《中华人民共和国刑法》的规定构成犯罪的，依法追究刑事责任；尚不够刑事处罚的，由公安机关依照本法给予治安管理处罚。”

② 《治安管理处罚法等修改工作正抓紧进行》，载法制日报，http：//www. npc. gov. cn/npc/c30834/202012/b83dcf23dc694470a760c7f3d9e62e47. shtml，2021 年 6 月 3 日访问。

③ 《治安管理处罚法》（修订公开征求意见稿）第 19 条：“违反治安管理有下列情形之一的，从重处罚：（一）有较严重后果的；（二）教唆、胁迫、诱骗他人违反治安管理的；（三）利用信息网络实施违反治安管理行为的；（四）一年内曾受过治安管理处罚的；（五）三年内曾受过刑事处罚或者免予刑事处罚的。”

④ 《治安管理处罚法》（修订公开征求意见稿）第 30 条：“生产、销售未取得电信设备进网许可和无线电发射设备型号核准的无线电通信设备，或者违反无线电管理有关规定，生产、销售无线电发射设备，经主管部门行政处罚后一年内又实施的……”

⑤ 《治安管理处罚法》（修订公开征求意见稿）第 31 条：“有下列行为之一的，处五日以上十日以下拘留；情节较重的，处十日以上十五日以下拘留：（一）违反国家规定，侵入计算机信息系统或者采用其他技术手段，获取该计算机信息系统中存储、处理或者传输的数据，或者对计算机信息系统实施非法控制，造成危害的；（二）违反国家规定，对计算机信息系统功能进行删除、修改、增加、干扰，造成危害的；（三）违反国家规定，对计算机信息系统中存储、处理、传输的数据和应用程序进行删除、修改、增加的；（四）故意制作、传播计算机病毒等破坏性程序，造成危害的；（五）提供专门用于侵入、非法控制计算机信息系统的程序、工具，或者明知他人实施侵入、非法控制计算机信息系统的违法犯罪行为而为其提供程序、工具，造成危害的……”

⑥ 《治安管理处罚法》（修订公开征求意见稿）第 32 条：“网络服务提供者不履行下列信息网络安全管理义务，经公安机关或者其他监管部门责令改正而拒不改正的，处五日以下拘留或者一千元以下罚款；情节较重的，处五日以上十日以下拘留：（一）用户信息登记和保护……（七）法律、行政法规规定的其他信息网络安全管理义务……”

供者的信息网络安全管理义务及违反后果；增设第 57 条[①]关于违反个人信息保护相关规定的处罚；第 71 条增加“在信息网络上散布煽动、策划非法集会、游行、示威信”的行为应当从重处罚。从《治安管理处罚法》的修订趋势来看，整体呈现了当前社会对于网络安全、数据安全、信息安全的保护需求，对于利用网络实施违反治安管理行为从重处罚，增设了关于数据保护、个人信息保护的相关规定，与《网络安全法》《数据安全法》及《个人信息保护法》加强了不同法律之间法条衔接，增强了我国相关法律规范的完整性和体系性。

本条对于刑事责任规定为“违反本法规定，构成犯罪的，依法追究刑事责任”。刑法是判断某一违法行为是否构成犯罪，应处以何种刑罚的依据。本法没有对违反本法规定的行为规定具体的刑事责任，主要是考虑到与刑法的衔接。自 1997 年 3 月 14 日制定至今，《刑法》已通过了 11 个修正案，形成了比较完善的罪名及刑罚体系，为了保证罪名及刑罚的体系性，目前其他法律一般不再规定具体的罪名和刑罚；如果确需调整罪名和刑罚，通过刑法修正案的方式进行。例如，2009 年《刑法修正案》（七）增设了《刑法》第 253 条之一“出售、非法提供公民信息罪”，2015 年《刑法修正案》（九）第 17 条在此基础上取消了对于犯罪主体的身份限制，增加了情节特别严重的情形，同时增加了对于履行职责或提供服务过程中违反上述行为从重处罚的规定。《刑法修正案》（九）第 28 条增加了《刑法》第 286 条之一“拒不履行网络信息安全管理义务罪”，与之后出台的《网络安全法》构成了网络信息安全管理义务的刑事责任规范衔接；第 29 条增加了《刑法》第 287 条之一“非法利用信息网络罪”和之二“帮助信息网络犯罪活动罪”。本法没有在每个可能涉及刑事责任的条款后规定“构成犯罪的，依法追究刑事责任”，

---

① 《治安管理处罚法》（修订公开征求意见稿）第 57 条：“非法获取、持有、使用、出售、提供、传播公民个人信息的，处十日以上十五日以下拘留，并处违法所得三倍以上五倍以下罚款……违反国家规定，将在履行职责或者提供服务过程中获得的公民个人信息出售或者提供给他人的……因疏于管理，致使公民个人信息泄露的……”

而是单列一条概括规定，一是行文简洁，二是不会遗漏。

刑事责任是国家刑事法律规定的犯罪行为所应承担的法律后果。数据处理活动中的当事人如果有本法规定的违法行为，且符合我国《刑法》所规定的犯罪构成要件的，就应当依据刑法有关条款的规定承担相应的刑事责任。与数据有关的犯罪行为在《刑法》规定中较为分散，多数情况下违法数据处理活动是犯罪手段而非犯罪目的，因此在危害国家安全、危害公共安全、破坏社会主义经济秩序、侵犯公民人身权利、扰乱社会主义管理秩序、危害国防利益等方面均有可能存在数据犯罪，危害国家社会经济公共利益和公民的人身财产权利。

近年来，数据犯罪在侵犯知识产权犯罪、侵犯公民个人信息犯罪、扰乱公共秩序犯罪（尤其是计算机数据）等领域愈加彰显。以“爬虫技术”为例，2020 年度北京法院知识产权司法保护十大案例之一“网络爬虫非法抓取电子书”犯侵犯著作权罪案[①]中鼎阅公司未经掌阅公司、幻想纵横公司等权利公司许可，利用网络爬虫技术，爬取正版电子图书后，在其推广运营的“鸿雁传书”“TXT 全本免费小说”等 10 余个 App 中展示，供他人访问并下载阅读，通过广告收入、付费阅读等方式进行牟利。法院经过审理认为，鼎阅公司及其直接负责的主管人员以营利为目的，未经著作权人许可，复制发行他人享有著作权的文字作品，情节特别严重，其行为均已构成侵犯著作权罪。可见，侵犯具有“创造性”数据的行为，构成知识产权犯罪，包括具有“独创性”的网络著作权客体和具有“秘密性”“价值性”的商业秘密，侵犯知识产权犯罪中明确将爬虫对象作为知识产权以财产权形式保护。[②] 2019 年度人民法院十大刑事案件之一“上海某网络科技有限公司非法获取计算机信息系统数据案”中上海某网络科技有限公司经营技术开发、技术服务等业务，采用爬虫技术非法抓取北京某网络技术有限公司服务器中存储的视频数据。法院以非法获取计算机信息系统数据

① （2020）京 0108 刑初 237 号。

② 阮林赟：《网络爬虫刑事违法的立场、标准和限制》，载《河北法学》2021 年第 7 期。

罪分别判处被告单位罚金20万元，判处被告人张某等四人一年至九个月不等的有期徒刑，并处罚金。[①] 该案是全国首例爬虫技术侵入计算机系统犯罪案，法官“反爬虫”机制认定为与用户身份信息认证机制同态的计算机信息系统安全措施，并将常见的对抗“反爬虫”措施的技术行为认定为“侵入”计算机信息系统行为，被告通过爬虫技术未经数据储存方允许抓取计算机系统内的用户数据，即访问者未具备授权或超越授权。非法获取计算机数据罪往往涉及大量数据，侵犯了公共利益。而且相比侵犯具有“创造性”数据的行为，仍具有一定程度的财产权属性，既包含信息商业利用的价值，形式上表现为个人信息的自决权，即拥有对他人收集、利用本人信息同意与否的决定权。刑法在获取数据的用途和危害结果的评价体现法益的保护。

综上所述，由于违反数据保护法规定，给他人造成损害、构成违反治安管理处罚行为或犯罪的情况比较复杂，法律不可能将所有的违法行为一一列举出来，因此，本条只进行原则规定。这样规定有三个好处：一是可以避免法律条文过于烦琐；二是可以防止挂一漏万；三是可以给受到法益损害的主体提供全面保护。

【关联规定】

本法第31条，《中华人民共和国网络安全法》第74条，《中华人民共和国民法典》第179条，《中华人民共和国治安管理处罚法》第2条，《中华人民共和国刑法》第253条、第286条、第287条

（撰稿人：程喆）

---

① （2017）京0108刑初2384号。

第七章　附　　则

第五十三条　【涉及国家秘密信息的数据处理活动，统计、档案工作中的数据处理活动，涉及个人信息的数据处理活动】开展涉及国家秘密的数据处理活动，适用《中华人民共和国保守国家秘密法》等法律、行政法规的规定。

在统计、档案工作中开展数据处理活动，开展涉及个人信息的数据处理活动，还应当遵守有关法律、行政法规的规定。

【释义】

本条规定了涉及国家秘密息的数据处理活动，统计、档案工作中的数据处理活动，涉及个人信息的数据处理活动的法律法规另行适用与衔接要求，明确了具体类型的数据保护与《数据安全法》的关系，奠定了《数据安全法》作为保护各类数据安全的基本规则的地位，明确了《数据安全法》与其他相关法律、行政法规的一般法与特别法关系。

本条第1款规定了涉及国家秘密的数据处理活动，适用《保守国家秘密法》等法律、行政法规。该款规定在《数据安全法〈一审稿〉》《数据安全法（二审稿）》及正式文本中的表述一致。数据是国家基础性战略资源，没有数据安全就没有国家安全。《数据安全法》贯彻落实总体国家安全观，聚焦数据安全领域的风险隐患，加强国家数据安全工作的统筹协调。关于“国家秘密”的定义，《保守国家秘密法》第2条规定：“国家秘密是关系国家安全和利益，依照法定程序确定，在一定时间内只限一定范围的人员知悉的事项。”可见，国家秘密数据是具备保密的必要性、非公开性和不可滥用性等特征的特殊数据。[①] 因此，国家秘密的保密性固然决定其敏感性，故其数据处理活动的保护方式有别于其他个人数据、企业数据和公共数据。从内在构成上讲，我国保密法律体系主要由《宪法》《档案法》《保守国家秘密法》《国家安全法》《档案法实施办法》《保守国家秘密法实施办法》和《国家安全法实施细则》等法律法规构成。[②] 1988 年《保守国家秘密法》对国家秘密的认定和分级制度做了详细规定，第 9 条规定的七项国家秘密范围清晰直白，并在操作层面设计了一套完整的定密依据规范，即第 10 条和第 11 条的规定：“国家秘密及其密级的具体范围，由国家保密工作部门分别会同外交、公安、国家安全和其他中央有关机关规定。”“各级国家机关、单位对所产生的国家秘密事项，应当按照国家秘密及其密级具体范围的规定确定密级。”

《保守国家秘密法》的立法出发点在于维护国家安全与利益，而非数据的开发利用。涉及国家秘密息的数据处理活动必然面临保密与公开的协调性问题，也是数据安全与数据开放的衡量问题。首先，多源信息融合技术的发展模糊了国家秘密与非秘密之间的界限，既有的《保守国家秘密法》无法涵盖非国家秘密数据的获取、加工、处理和流转，因而产生了国家数据治理范围扩张的安全需求。传统上被认为与国家秘密无关的数据在达到一定规模后，通过与其他数据进行汇聚、整合、分析，很可能造成危害国家安全和社会公共利益的严重后果。以住房空置率为例，单纯的人口普查信息或许难以得出准确的结论，但如果结合海量的快递订单和水电运行数据，在某一区域甚至全国范围内得出准确的房屋空置率并非难事。[③] 相似的方法如果应用在国防安全、军事等领域，可能会暴露我方的重要军

---

① 郑春燕：《政府信息公开与国家秘密保护》，载《中国法学》2014 年第 1 期。

② 周丹、孙培军：《国家秘密：进退中的信息保密与公开———基于〈中华人民共和国保守国家秘密法〉修订的分析》，载《行政与法》2011 年第 4 期。

③ 洪延青：《在发展与安全的平衡中构建数据跨境流动安全评估框架》，载《信息安全与通信保密》2017 年第 2 期。

事目标、泄露敏感地理信息。[①] 国家秘密在公开与保密之间如何权衡，做到有进有退，全面协调。现代社会公认的道理是，公共事务上“公开是原则，保密是例外”，个人隐私则“保密是原则，公开是例外”。《保守国家秘密法》第4条明确指出保密工作要求“既确保国家秘密安全，又便利信息资源合理利用”。

采取分级分类管理的定密、解密以及其他管理方法，才能在政府权力和公民权利之间实现双赢。

本条第2款规定了对于统计、档案工作中的数据处理活动，涉及个人信息的数据处理活动的法律适用问题。《数据安全法（一审稿）》中仅强调了“开展开展涉及个人信息的数据活动，应当遵守有关法律、行政法规的规定”，《数据安全法（二审稿）》中对于“有关法律、行政法规”的表述进一步精确为“个人信息保护法律、行政法规”，两次草案审议稿并未单独设置“在统计、档案工作中开展数据处理活动”的法律适用，《全国人民代表大会宪法和法律委员会关于〈中华人民共和国数据安全法（草案三次审议稿）〉修改意见的报告》中有常委委员建议：“在本法中对与统计、档案有关的数据处理活动的法律适用问题作出衔接性规定。”[②] 正式出台的《数据安全法》予以采纳，按照特殊法优于一般法的原则，对统计、档案工作中数据处理活动的法律适用问题进行了规定。

统计、档案工作中的数据处理活动具有特殊性。第一，统计和档案工作中的数据处理活动具有一定的保密性。统计工作和档案工作中，因为很多档案和统计资料是不对外公开的，特别是涉及国家秘密、商业秘密、个人隐私等内容的档案更要进行严密的保管。统计资料数据和档案数据既有一般数据共有的物理性、信息性、共享性等特性，又有其产生环境赋予的

---

① 朱雪忠、代志在：《总体国家安全观视域下〈数据安全法〉的价值与体系定位》，载《电子政务》2020年第8期。

② 《全国人民代表大会宪法和法律委员会关于〈中华人民共和国数据安全法（草案）〉审议结果的报告》，载中国人大网，http：//www.npc.gov.cn/npc/c30834/202106/a2292e20dfa743febe23b01fa6aa330b.shtml，2021年6月15日访问。

真实性、完整性、保密性等特征。[①] 第二，统计和档案工作中的数据处理活动均存在为公共利益使用个人信息的情形，在利用这些数据进行数据处理活动时是要求去标识化。《档案法》第 28 条第 3 款规定："利用档案涉及知识产权、个人信息的，应当遵守有关法律、行政法规的规定。"《统计法》第 25 条[②]规定了能够识别、推断统计调查对象身份的统计资料的保护，强调在统计工作中应当注重保密工作，以保护统计调查对象的合法权益。除统计调查中的国家秘密、商业秘密和个人信息外，统计机构、统计人员以及其他单位、个人还应当依照本条规定，对统计调查中获得的能够识别或者推断单个统计调查对象身份的资料保密，不得对外提供、泄露。欧盟《一般数据保护条例》（GDPR）第 89 条规定了"为了实现公共利益、科学或历史研究或统计目的处理中的安全保障与克减"规则，规定"为了实现公共利益、科学或历史研究或统计目而处理，应当采取符合本条例的恰当防护措施，保障数据主体的权利与自由。这些防护措施应当确保，为了保证数据最小化原则，已经采取技术与组织性的措施"。[③] 提出对个人数据进行匿名化处理来实现安全保障，但为实现公共利益、科学或历史研究或统计目的处理可以对个人的权利进行克减，在具体情形下实现公共利益与个人利益的权衡。目前，我国《档案法》和《统计法》在档案数据安全和统计数据安全方面未有所着墨[④]，在《数据安全法》的规则指导下，今后法律修改会进行相应补充。

---

① 刘庆悦：《浅析档案数据的概念及特征》，转引自中国档案学会编：《2019 年全国青年档案学术论坛论文集》，中国档案学会 2019 年版，第 95 ~ 100 页。

② 《统计法》第 25 条："统计调查中获得的能够识别或者推断单个统计调查对象身份的资料，任何单位和个人不得对外提供、泄露，不得用于统计以外的目的。"

③ GDPR Article 89：1. Processing for archiving purposes in the public interest, scientific or historical research purposes or statistical purposes, shall be subject to appropriate safeguards, in accordance with this Regulation, for the rights and freedoms of the data subject. Those safeguards shall ensure that technical and organisational measures are in place in particular in order to ensure respect for the principle of data minimisation. Those measures may include pseudonymisation provided that those purposes can be fulfilled in that manner. Where those purposes can be fulfilled by further processing which does not permit or no longer permits the identification of data subjects, those purposes shall be fulfilled in that manner.

④ 王英玮、杨千：《总体国家安全观视角下〈中华人民共和国档案法〉的安全理念》，载《档案学研究》2020 年第 6 期。

第2款还规定了开展涉及个人信息的数据处理活动的法律适用。《数据安全法》将数据和个人信息进行了区分，《个人信息保护法》与《民法典》对“个人信息保护”立法思路一脉相承，与已有的《网络安全法》也有立场和体系的不同安排。相比较而言，《数据安全法》更加强调总体国家安全观，对国家利益、公共利益和个人、组织合法权益给予全面保护，也加大了惩罚力度；而《个人信息保护法》侧重于对个人信息、隐私等涉及公民自身安全的保护。《个人信息保护法》第4条规定“个人信息是以电子或者其他方式记录的与已识别或者可识别的自然人有关的各种信息”，而《数据安全法》规定的数据是指“任何以电子或者其他方式对信息的记录”，“数据”与“个人信息”的概念是包含关系，在《数据安全法》与规范数据或信息的其他法律的关系上，特别是与《个人信息保护法》的关系上，鉴于《数据安全法》是规范数据安全的专门法律，因此凡是与数据或信息安全有关的规范，均应纳入《数据安全法》中。①

此外，在第2款的法律适用上《数据安全法》较《数据安全法（二审稿）》增加了“还”字，强调在统计、档案工作中开展数据活动及开展涉及个人信息的数据处理活动既要遵守《数据安全法》的规定，也要遵守《档案法》《统计法》等有关法律和行政法规。《数据安全法》与现行的《档案法》《统计法》是一般法与特殊法的关系。如果《数据安全法》和有关法律、行政法规具体条文存在竞合或冲突，应当按照不同位阶的法律上位法优于下位法，同一位阶的法律按照特殊法优于一般法、新法优于旧法的原则处理。

【关联规定】

《中华人民共和国保守国家秘密法》第2条、第4条、第9条，《中华

---

① 翟志勇：《数据安全法的体系定位》，载《苏州大学学报（哲学社会科学版）》2021年第1期。

人民共和国统计法》第 25 条，《中华人民共和国档案法》第 2 条、第 28 条

（撰稿人：程喆）

第五十四条　【军事数据安全的保护】军事数据安全保护的办法，由中央军事委员会依据本法另行制定。

【释义】

本条规定了军事数据安全的保护。

国防和军队建设是国家安全的坚强后盾，军事数据安全是我国国家安全和国防安全的重要保障。党的十八大明确了推进国防和军队现代化的战略目标，就是建设与我国国际地位相称，与国家安全和发展利益相适应的巩固国防和强大军队。随着军队在国防科技、政治工作、后勤保障、装备建设等领域信息化建设的不断深入，各类装备、业务系统产生的数据量激增，军事数据已成为军队的重要战略资源，军事数据安全保护面临着新的机遇与挑战。由于缺乏有效的治理体系，军事数据存在分散、质量参差不齐、口径不一致、重复建设等问题，数据建设投入大、成效低，数据不可用、不好用，难以有效激发数据活力。[①] 同时，军事数据的安全保护和合理利用在提升军事数据共享率、增强数据可靠性、驱动军事管理科学化、提高决策科学化水平、促进军事科研创新和新质战斗力生成等方面有着重要意义。

军事数据安全的内涵除了包含一般数据安全的共性，还具有自身的特殊性。第一，军事数据具有严格的保密性，军事数据的重要性常常与军事机密联系在一起，涵盖了军事领域各个方面的海量数据一旦发生泄露可能

① 高强、游宏梁、汤珊红、程佳军、裴阳：《军事数据治理概念与框架研究》，载《情报理论与实践》2019 年第 12 期。

会严重影响国家安全。因此，全球范围内各国对于军事数据的保密性都十分重视。世界新军事革命正在悄然推进，其内在动因是以数字化、网络化、智能化为特征的信息技术变革的纵深推进。数据正全面融入军事领域，成为军事科研的驱动力量、军队管理的核心要素、战争制胜的重要资源。美军认为要跟上大数据技术发展的步伐，更好地利用庞大且不断增长的数据资源，数据科学是解决这一问题的重要利器。[①] 第二，地位的战略性。数据作为重要的战略资源，与国家利益、民族尊严息息相关，同时也是军事力量构成的关键因素，有时还是决定性的作战要素。[②] 因此，数据安全已经突破了传统范围，上升到了综合国力和军事势力间的较量。第三，超强的技术性。在高技术群的支撑下，未来战争是信息化战争，以信息为主要战略资源，以争夺信息资源为战场目标，而数据则是任何以电子或者非电子形式对信息的记录，各国为保障军事信息安全注重核心数据的保护，把信息技术列为最核心关键的技术。

值得注意的是，《数据安全法（一审稿）》中并未就“军事数据安全保护”规定相应条款，《数据安全法（二审稿）》中增设了该条文，正式通过的《数据安全法》未再作修改。一方面，军事数据的重要性及其复杂性决定了必须制定专门的法律规范。世界各国也纷纷建立了自己的军事信息数据安全规范体系。

另一方面，《数据安全法（二审稿）》增设该条文有利于与我国现有法律体系相衔接。随着国家依法治国形势的迅速发展，将军事立法工作纳入社会主义法律体系建设的需求日益迫切。在我国现有的法律体系中，军事事务的相关规定具有特殊性，这点在我国多部单行法中也有体现。2016 年 11 月 7 日通过的《网络安全法》第 78 条规定：“军事网络的安全保护，由中央军事委员会另行规定。”《密码法》第 43 条[③]、《档案

① 汤珊红、游宏梁、高强、程佳军、秦小平：《美国军事数据发展战略演进研究》，载《情报理论与实践》2019 年第 6 期。

② 梅宪华：《论军事信息安全的特殊性》，载《南京政治学院学报》2006 年第 1 期。

③ 《密码法》第 43 条：“中国人民解放军和中国人民武装警察部队的密码工作管理办法，由中央军事委员会根据本法制定。”

法》第52条[①]、《食品安全法》第152条[②]、《药品管理法》第154条[③]、《环境影响评价法》第36条[④]、《基本医疗卫生与健康促进法》第109条[⑤]等单行法条文中，均有“由中央军事委员会依照本法”制定“管理办法”或“办法”的表述。

以上包括本条在内的法律条文，均规定办法制定主体为中央军事委员会。2000年3月15日通过的《立法法》第93条（2015年修订后为第103条[⑥]）首次明确了中央军事委员会和军委各总部、军兵种、军区的立法权，既为军事机关的立法活动提供了法律依据，又对进一步健全和完善军队立法制度提出了更高要求。《国防法》第15条规定了中央军事委员会的职权包括“根据宪法和法律，制定军事法规，发布决定和命令”。因此，中央军事委员会享有军事数据安全保护具体办法制定的权力，军事数据安全应当属于《军事立法工作条例》第7条[⑦]规定的“为执行法律规定需要制定军事法规的事项”。

现阶段中央军事委员会暂未对军事数据安全保护出台管理办法，基于国家安全和国防需要，在未来中央军委相关办法出台后，如何处理其与《数据安全法》的关系也值得思考。法律适用上有利于正确认识军事法与各部门法之间的关系，合理解释军事法律规范。也有学者认为军事法规体

① 《档案法》第52条：“中国人民解放军和中国人民武装警察部队的档案工作，由中央军事委员会依照本法制定管理办法。”

② 《食品安全法》第152条第5款：“军队专用食品和自供食品的食品安全管理办法由中央军事委员会依照本法制定。”

③ 《药品管理法》第154条：“中国人民解放军和中国人民武装警察部队执行本法的具体办法，由国务院、中央军事委员会依据本法制定。”

④ 《环境影响评价法》第36条：“军事设施建设项目的环境影响评价办法，由中央军事委员会依照本法的原则制定。”

⑤ 《基本医疗卫生与健康促进法》第109条：“中国人民解放军和中国人民武装警察部队的医疗卫生与健康促进工作，由国务院和中央军事委员会依照本法制定管理办法。”

⑥ 《立法法》（2015年修订）第103条：“中央军事委员会根据宪法和法律，制定军事法规。中央军事委员会各总部、军兵种、军区、中国人民武装警察部队，可以根据法律和中央军事委员会的军事法规、决定、命令，在其权限范围内，制定军事规章。军事法规、军事规章在武装力量内部实施……”

⑦ 《军事立法工作条例》第7条：“中央军委根据宪法和法律，制定军事法规。下列事项需要立法规范的，除制定法律作出规定外，由中央军委制定军事法规作出规定……（六）为执行法律规定需要制定军事法规的事项；（七）其他需要由军事法规规范的事项。”

系是我国社会主义法律体系的重要组成部分，与其他法律部门（体系）相互交织、紧密相依。我国的国家利益、国防利益、军事利益和人民利益的一致性决定了对有关国防和军事事项的立法的统一性，因此并不是所有有关国防和军事的事务都必须制定专门的军事法律。[①] 学科军事法论认为，军事刑法、军事行政法等军事法与刑法、行政法等部门法之间不过是共性与个性，一般与特殊的关系。[②] 因此，在军事法律规范适用过程中遇到法律没有明确规定或者规定不清的情形，应以相关部门法的理论、原则、方法为指导来进行解释，从而正确适用法律。

在整个法律体系内，《数据安全法》是以宪法为上位法的全国人大制定的基本法律之外的一般法律；在安全法体系内，《数据安全法》与《国家安全法》《网络安全法》属于同一层级并行的法律，分别规范数据安全、主权安全、网络安全。《数据安全法》是数据安全领域的最高法。[③] 数据是指任何以电子或其他形式对信息的记录，《数据安全法》是规范数据安全的专门法律，因此凡是与数据或信息安全有关的规范，均应纳入《数据安全法》。军事数据是数据的一种特殊类型，从法律体系上《数据安全法》应当为中央军委相关办法的上位法，而相关办法也应当满足《军事立法工作条例》第 29 条不与上位法相抵触、不与有关同位法相矛盾的要求。

【关联规定】

《中华人民共和国立法法》第 103 条，《中华人民共和国国防法》第 15 条，《中华人民共和国网络安全法》第 78 条，《中华人民共和国密码法》第 43 条，《中华人民共和国档案法》第 52 条

（撰稿人：程喆）

---

① 丛文胜：《论我国军事法规体系的基本特色》，载《法学杂志》2010 年第 9 期。
② 冉巨火：《学科军事法论》，载《当代法学》2016 年第 5 期。
③ 翟志勇：《数据安全法的体系定位》，载《苏州大学学报（哲学社会科学版）》2021 年第 1 期。

第五十五条　【施行日期】 本法自 2021 年 9 月 1 日起施行。

【释义】

本条规定了法律的施行时间。

附录

中华人民共和国数据安全法

（2021 年 6 月 10 日第十三届全国人民代表大会常务委员会第二十九次会议通过）

目　　录

第一章　总　　则

第一条　为了规范数据处理活动，保障数据安全，促进数据开发利用，保护个人、组织的合法权益，维护国家主权、安全和发展利益，制定本法。

第二条　在中华人民共和国境内开展数据处理活动及其安全监管，适用本法。

在中华人民共和国境外开展数据处理活动，损害中华人民共和国国家安全、公共利益或者公民、组织合法权益的，依法追究法律责任。

第三条　本法所称数据，是指任何以电子或者其他方式对信息的记录。

数据处理，包括数据的收集、存储、使用、加工、传输、提供、公开等。

数据安全，是指通过采取必要措施，确保数据处于有效保护和合法利用的状态，以及具备保障持续安全状态的能力。

第四条 维护数据安全，应当坚持总体国家安全观，建立健全数据安全治理体系，提高数据安全保障能力。

第五条 中央国家安全领导机构负责国家数据安全工作的决策和议事协调，研究制定、指导实施国家数据安全战略和有关重大方针政策，统筹协调国家数据安全的重大事项和重要工作，建立国家数据安全工作协调机制。

第六条 各地区、各部门对本地区、本部门工作中收集和产生的数据及数据安全负责。

工业、电信、交通、金融、自然资源、卫生健康、教育、科技等主管部门承担本行业、本领域数据安全监管职责。

公安机关、国家安全机关等依照本法和有关法律、行政法规的规定，在各自职责范围内承担数据安全监管职责。

国家网信部门依照本法和有关法律、行政法规的规定，负责统筹协调网络数据安全和相关监管工作。

第七条 国家保护个人、组织与数据有关的权益，鼓励数据依法合理有效利用，保障数据依法有序自由流动，促进以数据为关键要素的数字经济发展。

第八条 开展数据处理活动，应当遵守法律、法规，尊重社会公德和伦理，遵守商业道德和职业道德，诚实守信，履行数据安全保护义务，承担社会责任，不得危害国家安全、公共利益，不得损害个人、组织的合法权益。

第九条 国家支持开展数据安全知识宣传普及，提高全社会的数据安全保护意识和水平，推动有关部门、行业组织、科研机构、企业、个人等共同参与数据安全保护工作，形成全社会共同维护数据安全和促进发展的良好环境。

第十条　相关行业组织按照章程，依法制定数据安全行为规范和团体标准，加强行业自律，指导会员加强数据安全保护，提高数据安全保护水平，促进行业健康发展。

第十一条　国家积极开展数据安全治理、数据开发利用等领域的国际交流与合作，参与数据安全相关国际规则和标准的制定，促进数据跨境安全、自由流动。

第十二条　任何个人、组织都有权对违反本法规定的行为向有关主管部门投诉、举报。收到投诉、举报的部门应当及时依法处理。

有关主管部门应当对投诉、举报人的相关信息予以保密，保护投诉、举报人的合法权益。

第二章　数据安全与发展

第十三条　国家统筹发展和安全，坚持以数据开发利用和产业发展促进数据安全，以数据安全保障数据开发利用和产业发展。

第十四条　国家实施大数据战略，推进数据基础设施建设，鼓励和支持数据在各行业、各领域的创新应用。

省级以上人民政府应当将数字经济发展纳入本级国民经济和社会发展规划，并根据需要制定数字经济发展规划。

第十五条　国家支持开发利用数据提升公共服务的智能化水平。提供智能化公共服务，应当充分考虑老年人、残疾人的需求，避免对老年人、残疾人的日常生活造成障碍。

第十六条　国家支持数据开发利用和数据安全技术研究，鼓励数据开发利用和数据安全等领域的技术推广和商业创新，培育、发展数据开发利用和数据安全产品、产业体系。

第十七条　国家推进数据开发利用技术和数据安全标准体系建设。国务院标准化行政主管部门和国务院有关部门根据各自的职责，组织制定并适时修订有关数据开发利用技术、产品和数据安全相关标准。国家支持企业、社会团体和教育、科研机构等参与标准制定。

第十八条 国家促进数据安全检测评估、认证等服务的发展，支持数据安全检测评估、认证等专业机构依法开展服务活动。

国家支持有关部门、行业组织、企业、教育和科研机构、有关专业机构等在数据安全风险评估、防范、处置等方面开展协作。

第十九条 国家建立健全数据交易管理制度，规范数据交易行为，培育数据交易市场。

第二十条 国家支持教育、科研机构和企业等开展数据开发利用技术和数据安全相关教育和培训，采取多种方式培养数据开发利用技术和数据安全专业人才，促进人才交流。

第三章 数据安全制度

第二十一条 国家建立数据分类分级保护制度，根据数据在经济社会发展中的重要程度，以及一旦遭到篡改、破坏、泄露或者非法获取、非法利用，对国家安全、公共利益或者个人、组织合法权益造成的危害程度，对数据实行分类分级保护。国家数据安全工作协调机制统筹协调有关部门制定重要数据目录，加强对重要数据的保护。

关系国家安全、国民经济命脉、重要民生、重大公共利益等数据属于国家核心数据，实行更加严格的管理制度。

各地区、各部门应当按照数据分类分级保护制度，确定本地区、本部门以及相关行业、领域的重要数据具体目录，对列入目录的数据进行重点保护。

第二十二条 国家建立集中统一、高效权威的数据安全风险评估、报告、信息共享、监测预警机制。国家数据安全工作协调机制统筹协调有关部门加强数据安全风险信息的获取、分析、研判、预警工作。

第二十三条 国家建立数据安全应急处置机制。发生数据安全事件，有关主管部门应当依法启动应急预案，采取相应的应急处置措施，防止危害扩大，消除安全隐患，并及时向社会发布与公众有关的警示信息。

第二十四条　国家建立数据安全审查制度，对影响或者可能影响国家安全的数据处理活动进行国家安全审查。

依法作出的安全审查决定为最终决定。

第二十五条　国家对与维护国家安全和利益、履行国际义务相关的属于管制物项的数据依法实施出口管制。

第二十六条　任何国家或者地区在与数据和数据开发利用技术等有关的投资、贸易等方面对中华人民共和国采取歧视性的禁止、限制或者其他类似措施的，中华人民共和国可以根据实际情况对该国家或者地区对等采取措施。

第四章　数据安全保护义务

第二十七条　开展数据处理活动应当依照法律、法规的规定，建立健全全流程数据安全管理制度，组织开展数据安全教育培训，采取相应的技术措施和其他必要措施，保障数据安全。利用互联网等信息网络开展数据处理活动，应当在网络安全等级保护制度的基础上，履行上述数据安全保护义务。

重要数据的处理者应当明确数据安全负责人和管理机构，落实数据安全保护责任。

第二十八条　开展数据处理活动以及研究开发数据新技术，应当有利于促进经济社会发展，增进人民福祉，符合社会公德和伦理。

第二十九条　开展数据处理活动应当加强风险监测，发现数据安全缺陷、漏洞等风险时，应当立即采取补救措施；发生数据安全事件时，应当立即采取处置措施，按照规定及时告知用户并向有关主管部门报告。

第三十条　重要数据的处理者应当按照规定对其数据处理活动定期开展风险评估，并向有关主管部门报送风险评估报告。

风险评估报告应当包括处理的重要数据的种类、数量，开展数据处理活动的情况，面临的数据安全风险及其应对措施等。

第三十一条　关键信息基础设施的运营者在中华人民共和国境内运营

中收集和产生的重要数据的出境安全管理，适用《中华人民共和国网络安全法》的规定；其他数据处理者在中华人民共和国境内运营中收集和产生的重要数据的出境安全管理办法，由国家网信部门会同国务院有关部门制定。

第三十二条 任何组织、个人收集数据，应当采取合法、正当的方式，不得窃取或者以其他非法方式获取数据。

法律、行政法规对收集、使用数据的目的、范围有规定的，应当在法律、行政法规规定的目的和范围内收集、使用数据。

第三十三条 从事数据交易中介服务的机构提供服务，应当要求数据提供方说明数据来源，审核交易双方的身份，并留存审核、交易记录。

第三十四条 法律、行政法规规定提供数据处理相关服务应当取得行政许可的，服务提供者应当依法取得许可。

第三十五条 公安机关、国家安全机关因依法维护国家安全或者侦查犯罪的需要调取数据，应当按照国家有关规定，经过严格的批准手续，依法进行，有关组织、个人应当予以配合。

第三十六条 中华人民共和国主管机关根据有关法律和中华人民共和国缔结或者参加的国际条约、协定，或者按照平等互惠原则，处理外国司法或者执法机构关于提供数据的请求。非经中华人民共和国主管机关批准，境内的组织、个人不得向外国司法或者执法机构提供存储于中华人民共和国境内的数据。

第五章 政务数据安全与开放

第三十七条 国家大力推进电子政务建设，提高政务数据的科学性、准确性、时效性，提升运用数据服务经济社会发展的能力。

第三十八条 国家机关为履行法定职责的需要收集、使用数据，应当在其履行法定职责的范围内依照法律、行政法规规定的条件和程序进行；对在履行职责中知悉的个人隐私、个人信息、商业秘密、保密商务信息等数据应当依法予以保密，不得泄露或者非法向他人提供。

第三十九条 国家机关应当依照法律、行政法规的规定，建立健全数据安全管理制度，落实数据安全保护责任，保障政务数据安全。

第四十条 国家机关委托他人建设、维护电子政务系统，存储、加工政务数据，应当经过严格的批准程序，并应当监督受托方履行相应的数据安全保护义务。受托方应当依照法律、法规的规定和合同约定履行数据安全保护义务，不得擅自留存、使用、泄露或者向他人提供政务数据。

第四十一条 国家机关应当遵循公正、公平、便民的原则，按照规定及时、准确地公开政务数据。依法不予公开的除外。

第四十二条 国家制定政务数据开放目录，构建统一规范、互联互通、安全可控的政务数据开放平台，推动政务数据开放利用。

第四十三条 法律、法规授权的具有管理公共事务职能的组织为履行法定职责开展数据处理活动，适用本章规定。

第六章 法律责任

第四十四条 有关主管部门在履行数据安全监管职责中，发现数据处理活动存在较大安全风险的，可以按照规定的权限和程序对有关组织、个人进行约谈，并要求有关组织、个人采取措施进行整改，消除隐患。

第四十五条 开展数据处理活动的组织、个人不履行本法第二十七条、第二十九条、第三十条规定的数据安全保护义务的，由有关主管部门责令改正，给予警告，可以并处五万元以上五十万元以下罚款，对直接负责的主管人员和其他直接责任人员可以处一万元以上十万元以下罚款；拒不改正或者造成大量数据泄露等严重后果的，处五十万元以上二百万元以下罚款，并可以责令暂停相关业务、停业整顿、吊销相关业务许可证或者吊销营业执照，对直接负责的主管人员和其他直接责任人员处五万元以上二十万元以下罚款。

违反国家核心数据管理制度，危害国家主权、安全和发展利益的，由有关主管部门处二百万元以上一千万元以下罚款，并根据情况责令暂停相关业务、停业整顿、吊销相关业务许可证或者吊销营业执照；构成犯罪的，依法追究刑事责任。

第四十六条 违反本法第三十一条规定，向境外提供重要数据的，由有关主管部门责令改正，给予警告，可以并处十万元以上一百万元以下罚款，对直接负责的主管人员和其他直接责任人员可以处一万元以上十万元以下罚款；情节严重的，处一百万元以上一千万元以下罚款，并可以责令暂停相关业务、停业整顿、吊销相关业务许可证或者吊销营业执照，对直接负责的主管人员和其他直接责任人员处十万元以上一百万元以下罚款。

第四十七条 从事数据交易中介服务的机构未履行本法第三十三条规定的义务的，由有关主管部门责令改正，没收违法所得，处违法所得一倍以上十倍以下罚款，没有违法所得或者违法所得不足十万元的，处十万元以上一百万元以下罚款，并可以责令暂停相关业务、停业整顿、吊销相关业务许可证或者吊销营业执照；对直接负责的主管人员和其他直接责任人员处一万元以上十万元以下罚款。

第四十八条 违反本法第三十五条规定，拒不配合数据调取的，由有关主管部门责令改正，给予警告，并处五万元以上五十万元以下罚款，对直接负责的主管人员和其他直接责任人员处一万元以上十万元以下罚款。

违反本法第三十六条规定，未经主管机关批准向外国司法或者执法机构提供数据的，由有关主管部门给予警告，可以并处十万元以上一百万元以下罚款，对直接负责的主管人员和其他直接责任人员可以处一万元以上十万元以下罚款；造成严重后果的，处一百万元以上五百万元以下罚款，并可以责令暂停相关业务、停业整顿、吊销相关业务许可证或者吊销营业执照，对直接负责的主管人员和其他直接责任人员处五万元以上五十万元以下罚款。

第四十九条 国家机关不履行本法规定的数据安全保护义务的，对直接负责的主管人员和其他直接责任人员依法给予处分。

第五十条 履行数据安全监管职责的国家工作人员玩忽职守、滥用职权、徇私舞弊的，依法给予处分。

第五十一条 窃取或者以其他非法方式获取数据，开展数据处理活动排除、限制竞争，或者损害个人、组织合法权益的，依照有关法律、行政法规的规定处罚。

第五十二条 违反本法规定，给他人造成损害的，依法承担民事责任。

违反本法规定，构成违反治安管理行为的，依法给予治安管理处罚；构成犯罪的，依法追究刑事责任。

第七章 附 则

第五十三条 开展涉及国家秘密的数据处理活动，适用《中华人民共和国保守国家秘密法》等法律、行政法规的规定。

在统计、档案工作中开展数据处理活动，开展涉及个人信息的数据处理活动，还应当遵守有关法律、行政法规的规定。

第五十四条 军事数据安全保护的办法，由中央军事委员会依据本法另行制定。

第五十五条 本法自2021年9月1日起施行。

图书在版编目（CIP）数据

中华人民共和国数据安全法释义／龙卫球主编．—北京：中国法制出版社，2021.9（2021.10 重印）

ISBN 978－7－5216－2007－8

Ⅰ．①中…　Ⅱ．①龙…　Ⅲ．①数据安全法－法律解释－中国　Ⅳ．①D922.175

中国版本图书馆 CIP 数据核字（2021）第 130880 号

责任编辑　韩璐玮（hanluwei666@163.com）　　封面设计　杨泽江

中华人民共和国数据安全法释义

ZHONGHUA RENMIN GONGHEGUO SHUJU ANQUANFA SHIYI

主编/龙卫球

经销/新华书店

印刷/三河市紫恒印装有限公司

开本/730 毫米×1030 毫米　16 开　　印张/13.5　字数/172 千

版次/2021 年 9 月第 1 版　　2021 年 10 月第 2 次印刷

中国法制出版社出版

书号 ISBN 978－7－5216－2007－8　　定价：58.00 元

北京市西城区西便门西里甲 16 号西便门办公区

邮政编码　100053　　传真：010－63141852

网址：http：//www.zgfzs.com　　**编辑部电话：010－63141790**

市场营销部电话：010－63141612　　**印务部电话：010－63141606**

（如有印装质量问题，请与本社印务部联系。）